한자 · 한문 공부를 돕는 부수 한자 214자의 힘

부수한자 쓰기노트

시사정보연구원 편저

한자 · 한문 공부를 돕는 부수 한자 214자의 힘

부수 한자 쓰기노트

2쇄 발행 2024년 6월 14일

편저자 시사정보연구원
발행인 권윤삼
발행처 도서출판 산수야
브랜드 시사패스

등록번호 제2002-000278호
주소 서울시 마포구 월드컵로 165-4
우편번호 03962
전화 02-332-9655
팩스 02-335-0674

ISBN 978-89-8097-564-8 13710

값은 뒤표지에 있습니다. 잘못된 책은 바꾸어 드립니다.

* 머리말 *

한자 원리를 깨우치고 낱말 이해가 쉬워지는 부수 한자
문해력과 어휘력을 높이는 부수 한자 공부

우리는 한글을 공부할 때 모르는 단어가 나오면 자음과 모음 순으로 배열된 사전이나 인터넷으로 검색합니다. 인터넷 사전도 전체 배열은 가나다순, 즉 자음과 모음 순서로 되어 있습니다. 그렇다면 한자를 찾고 싶을 때는 어떻게 하면 될까요?

한자는 가나다순이 아니라 부수로 찾습니다. 한자를 쉽게 찾기 위해 필요한 기본적인 글자가 바로 부수입니다. 부수란 한자를 일정한 순서로 정리하고 배열하거나 한자의 모양에 따라 분류할 때 필요한 기본 글자를 말합니다.

부수는 214자로 구성되어 있습니다. 모든 한자는 부수만으로 되어 있거나(이는 제부수자라고 합니다) 부수와 그 나머지 부분인 몸으로 이루어져 있습니다. 따라서 부수는 자전(옥편)에서 한자를 찾을 때 기준이 되며 한자를 이루는 중요 부분입니다.

부수는 대개 한자의 뜻을 나타내는 것으로 부수의 뜻을 알면 한자의 뜻을 알기 쉽고 유추도 수월합니다. 따라서 우리가 부수를 공부해야 하는 이유는 다음과 같습니다.

첫째, 부수는 한자의 뜻을 나타내는 근본 요소로 글자의 개략적인 뜻을 나타냅니다.

둘째, 부수는 자전(옥편)에서 한자의 음과 뜻을 찾고 싶을 때 길잡이가 됩니다.

셋째, 부수는 주로 상형자와 지사자로 되어 있어 다른 글자와 결합하여 한 글자를 이루는 기본글자가 됩니다.

넷째, 한 글자에서 부수는 부수를 제외한 나머지 부분과 한자의 짜임 원리를 유추할 수 있게 합니다.

다섯째, 부수 학습을 통하여 한자 학습에 홍미를 가질 수 있고 필순을 쉽게 익힐 수 있습니다.

시사정보연구원과 시사패스에서 펴낸 『부수 한자 쓰기노트』는 독자 여러분이 한자를 공부하는 데 필요한 요소로 구성하여 학습 능률을 높였을 뿐만 아니라, 한자의 기원과 형성원리를 공부하며 단순히 외우기만 하는 한자학습에서 벗어나도록 편집하였습니다.

그리고 부수가 들어간 한자를 중요도에 따라 싣고, 관련 단어와 실생활에 활용할 수 있는 사자성어를 수록하여 어휘력과 문해력을 높일 수 있도록 하였습니다.

어떤 학습이든 원리를 깨치는 공부가 오래 기억됩니다. 『부수 한자 쓰기노트』가 한자 원리를 쉽게 배우고, 손으로 쓰면서 마음에 새기는 공부에 도움이 되기를 기대합니다.

* 한자의 형성 원리 *

1. 상형문자(象形文字) : 사물의 모양과 형태를 본뜬 글자

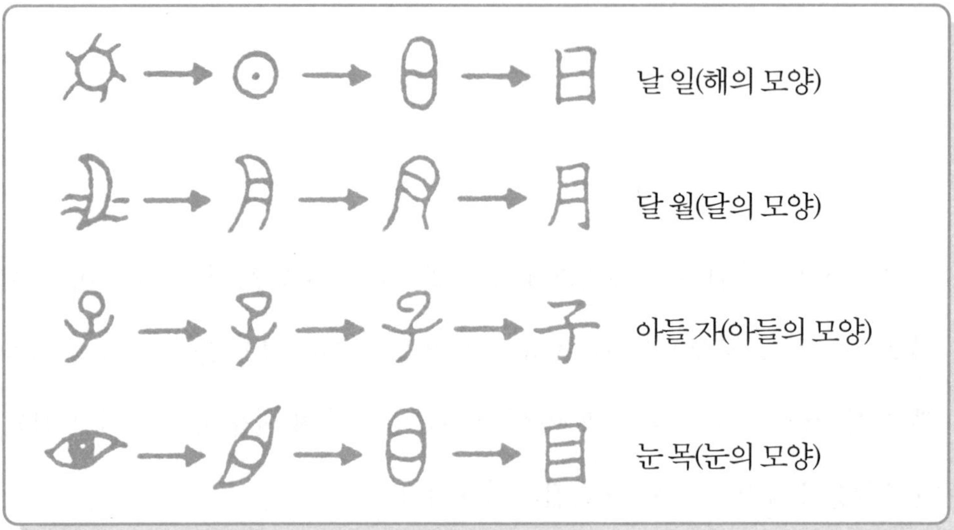

→ → → 日	날 일(해의 모양)
→ → → 月	달 월(달의 모양)
→ → → 子	아들 자(아들의 모양)
→ → → 目	눈 목(눈의 모양)

2. 지사문자(指事文字) : 사물의 모양으로 나타낼 수 없는 뜻을 점이나 선 또는 부호로 나타낸 글자

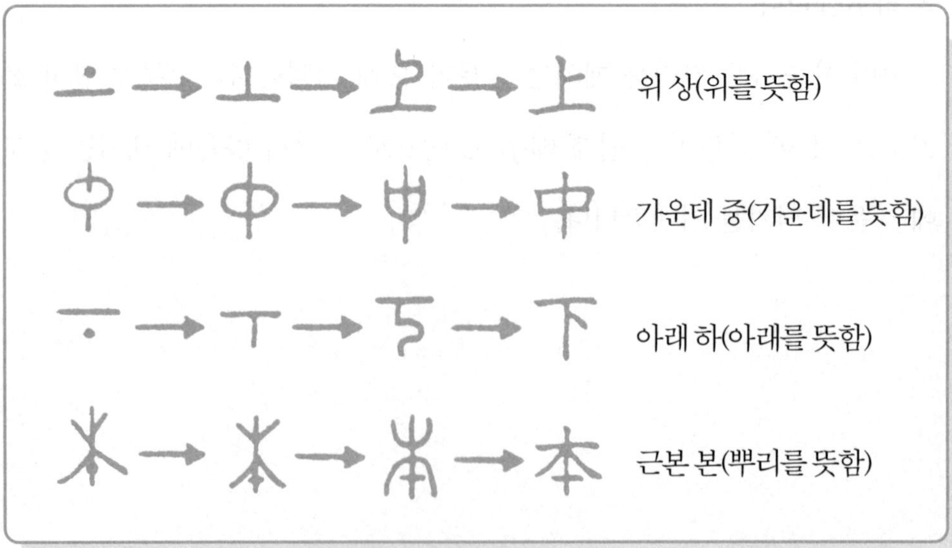

→ → → 上	위 상(위를 뜻함)
→ → → 中	가운데 중(가운데를 뜻함)
→ → → 下	아래 하(아래를 뜻함)
→ → → 本	근본 본(뿌리를 뜻함)

3. 회의문자(會意文字) : 이미 만들어진 글자를 2개 이상 합한 글자

人(사람 인) + 言(말씀 언) = 信(믿을 신) : 사람의 말은 믿는다.

田(밭 전) + 力(힘 력) = 男(사내 남) : 밭에서 힘써 일하는 사람.

日(날 일) + 月(달 월) = 明(밝을 명) : 해와 달이 밝다.

人(사람 인) + 木(나무 목) = 休(쉴 휴) : 사람이 나무 아래서 쉬다.

① 동체회의(同體會意) : 같은 글자를 합한 것

月+月=朋　　日+日=昌　　匕+匕=比　　立+立=竝

② 이체회의(異體會意) : 다른 글자를 합한 것

十+口=古　　人+立=位　　口+鳥=鳴　　木+日=東

③ 생체회의(省體會意) : 두 글자가 합칠 때 일부분을 줄여서 합한 것

老+子=孝　　羊+我=義　　熒+力=勞

4. 형성문자(形聲文字) : 뜻을 나타내는 부분과 음을 나타내는 부분을 합한 글자

口(큰입 구) + 未(아닐 미) = 味(맛볼 미)	左意右音 좌의우음
工(장인 공) + 力(힘 력) = 功(공 공)	右意左音 우의좌음
田(밭 전) + 介(끼일 개) = 界(지경 계)	上意下音 상의하음
相(서로 상) + 心(마음 심) = 想(생각 상)	下意上音 하의상음
口(큰입 구) + 古(옛 고) = 固(굳을 고)	外意內音 외의내음
門(문 문) + 口(입 구) = 問(물을 문)	內意外音 내의외음

5. 전주문자(轉注文字) : 있는 글자에 그 소리와 뜻을 다르게 굴리고(轉) 끌어내어(注) 만든 글자

樂(풍류 악) → (즐길 락 · 좋아할 요)　　예) 音樂(음악), 娛樂(오락)

惡(악할 악) → (미워할 오)　　예) 善惡(선악), 憎惡(증오)

長(긴 장) → (어른 · 우두머리 장)　　예) 長短(장단), 課長(과장)

6. 가차문자(假借文字) : 본 뜻과 관계없이 음만 빌어 쓰는 글자를 말하며 한자의 조사, 동물의 울음소리, 외래어를 한자로 표기할 때 쓰인다.

東天紅(동천홍) → 닭의 울음소리

然(그럴 연) → 그러나(한자의 조사)

亞米利加(아미리가) → America(아메리카)

可口可樂(가구가락) → Cocacola(코카콜라)

弗(불) → $(달러, 글자 모양이 유사함)

伊太利(이태리) → Italy(이탈리아)

亞細亞(아세아) → Asia(아세아)

＊ 한자 쓰기의 기본 원칙 ＊

1. 위에서 아래로 쓴다.
   言(말씀 언) → 一 二 三 亖 言 言 言
   雲(구름 운) → 一 丆 币 币 帀 雨 雨 雨 雲 雲 雲

2. 왼쪽에서 오른쪽으로 쓴다.
   江(강 강) → 丶 冫 氵 汀 江 江
   例(법식 예) → 丿 亻 仁 仃 仈 仿 例 例

3. 가로획과 세로획이 겹칠 때는 가로획을 먼저 쓴다.
   用(쓸 용) → 丿 冂 月 月 用
   共(함께 공) → 一 十 廾 廾 共 共

4. 삐침과 파임이 만날 때는 삐침을 먼저 쓴다.
   人(사람 인) → 丿 人
   文(글월 문) → 丶 亠 方 文

5. 좌우가 대칭될 때에는 가운데를 먼저 쓴다.
   小(작을 소) → 亅 小 小
   承(받들 승) → 乛 了 孑 手 手 承 承 承

6. 둘러 싼 모양으로 된 자는 바깥쪽을 먼저 쓴다.
   同(같을 동) → 丨 冂 冂 同 同 同
   病(병날 병) → 丶 亠 广 广 疒 疒 疒 病 病 病

7. 글자를 가로지르는 가로획은 나중에 긋는다.
   女(여자 녀) → 乚 女 女
   母(어미 모) → 乚 母 母 母 母

8. 글자 전체를 꿰뚫는 세로획은 나중에 쓴다.
   車(수레 거) → 一 丆 百 百 亘 車 車
   事(일 사) → 一 丆 币 币 亊 亊 亊 事

9. 책받침(辶, 廴)은 나중에 쓴다

近(원근 근) → ㇒ 𠂆 斤 斤 丶斤 沂 近

建(세울 건) → ㇇ ㇇ 彐 彐 聿 聿 律 律 建

10. 오른쪽 위에 점이 있는 글자는 그 점을 나중에 찍는다.

犬(개 견) → 一 ナ 大 犬

成(이룰 성) → 丿 厂 F 万 成 成 成

■ 한자의 기본 점(點)과 획(劃)

(1) 점

①「丶」: 왼점 ②「丶」: 오른점

③「丶」: 오른 치킴 ④「丶」: 오른점 삐침

(2) 직선

⑤「一」: 가로긋기 ⑥「丨」: 내리긋기

⑦「乛」: 평갈고리 ⑧「亅」: 왼 갈고리

⑨「𠄌」: 오른 갈고리

(3) 곡선

⑩「丿」: 삐침 ⑪「㇀」: 치킴

⑫「㇏」: 파임 ⑬「辶」: 받침

⑭「亅」: 굽은 갈고리 ⑮「㇂」: 지게다리

⑯「㇃」: 누운 지게다리 ⑰「乚」: 새가슴

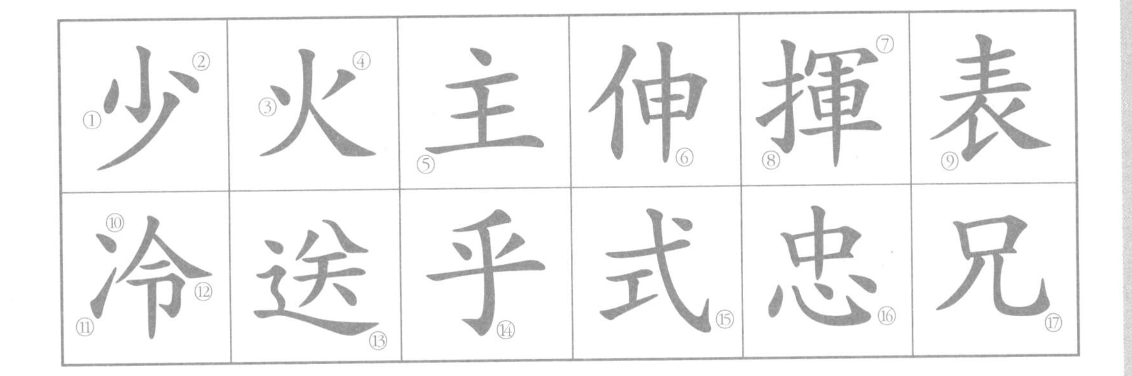

* 부수의 짜임 *

1. 뜻 : 部(부)의 대표문자를 部首(부수)라 한다.

즉, 부수는 주로 漢字(한자)의 뜻과 소리를 나타낸다.

부수에 해당하는 한자가 다른 글자 속에 포함될 때는 글자의 모양이 변한다.

예) 「水」가 왼쪽에 붙을 때는 「氵」(삼수변)

「刀」가 오른쪽에 붙을 때는 「刂」(칼도방)

2. 위치

(1) 邊(변) : 부수가 글자의 왼쪽에 있다.

예 女(여자 녀) → 姉(누이 자)　　妹(누이 매)

車(수레 거) → 轉(구를 전)　　輪(바퀴 륜)

(2) 傍, 旁(방) : 부수가 글자의 오른쪽에 있다.

예 彡(터럭 삼) → 形(형상 형)　　彩(무늬 채)

隹(새 추) → 雜(섞일 잡)　　難(어지러울 난)

(3) 頭(두 : 머리) : 부수가 글자의 위에 있다.

예 宀(갓머리) → 安(편안할 안)　　定(정할 정)

竹(대죽머리) → 筆(붓 필)　　策(꾀 책)

(4) 脚(각 : 발) : 부수가 글자의 밑에 있다.

예 灬(불화) → 照(비칠 조)　　熱(더울 열)

皿(그릇명밑) → 盛(성할 성)　　監(살필 감)

(5) 繞(요 : 받침) : 부수가 글자의 변과 발을 싸고 있다.

예 走(달아날 주) → 起(일어날 기)　　越(넘을 월)

辶(책받침) → 近(가까울 근)　　進(나갈 진)

(6) 垂(수 : 엄호) : 부수가 글자의 위와 왼쪽을 싸고 있다.

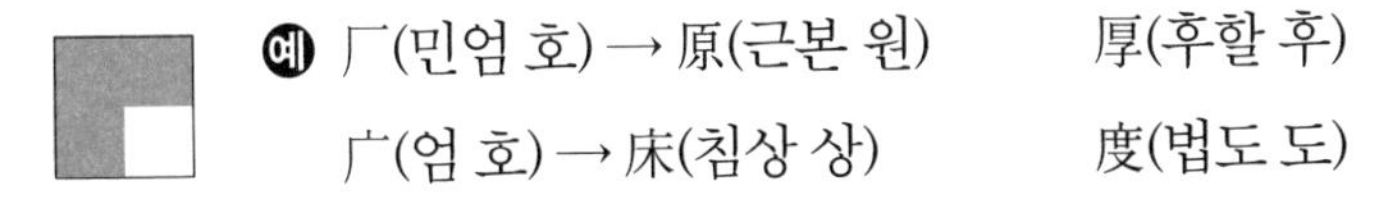

예 厂(민엄 호) → 原(근본 원)　　厚(후할 후)

广(엄 호) → 床(침상 상)　　度(법도 도)

(7) 構(구 : 몸) : 부수가 글자를 에워싸고 있다.

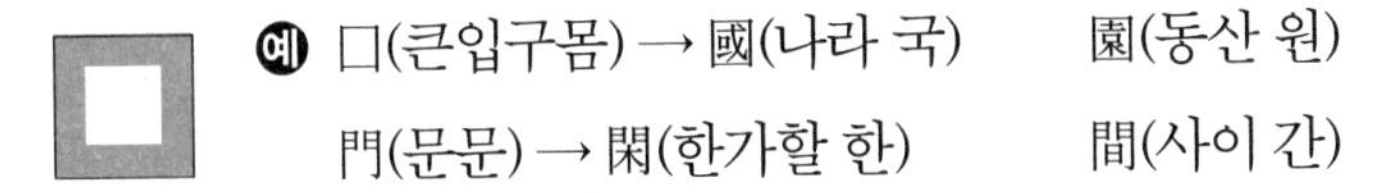

예 口(큰입구몸) → 國(나라 국)　　園(동산 원)

門(문문) → 閑(한가할 한)　　間(사이 간)

(8) 제부수 : 글자 자체가 부수자인 것을 말한다.

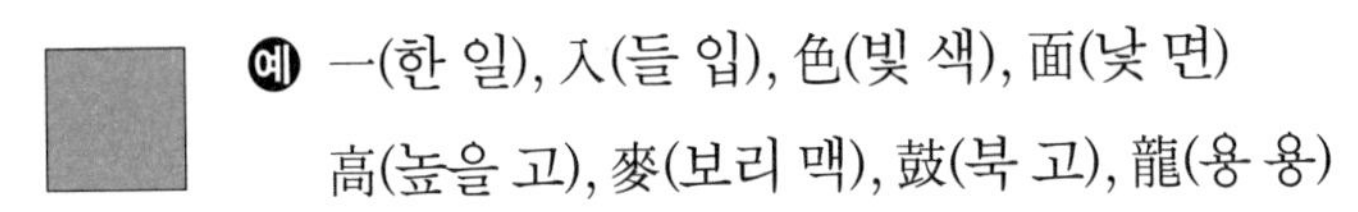

예 一(한 일), 入(들 입), 色(빛 색), 面(낮 면)

高(높을 고), 麥(보리 맥), 鼓(북 고), 龍(용 용)

(9) 위치가 다양한 부수

心(심) : 左(왼쪽에 위치) — 性(성품 성)

中(가운데 위치) — 愛(사랑 애) 優(근심 우)

下(아래 위치) — 思(생각 사) 忠(충성 충)

口(구) : 左(왼쪽에 위치) — 呼(부를 호) 味(맛 미)

內(안쪽에 위치) — 同(한가지 동) 句(구절 구)

上(위쪽에 위치) — 品(물건 품) 單(홑 단)

中(가운데 위치) — 哀(슬플 애) 喪(죽을 상)

* 모양이 달라지는 부수자 *

부수이름	부수	변형부수	한자	부수이름	부수	변형부수	한자
새을	乙	乚	乳(유)	구슬옥	玉	王	現(현)
사람인	人	亻	仁(인)	보일시	示	礻	祖(조)
칼도	刀	刂	別(별)	그물망	网	罒 㓁	羅(라) 罔(망)
병부절 (마디 절)	卩	㔾	卷(권)	양양	羊	⺶	羞(수)
내천 (개미허리)	川	巛	巡(순)	늙을로	老	耂	者(자)
돼지머리계	彐	彑 ⺕	彗(혜) 彙(휘)	고기육	肉	月	肥(비)
마음심 (심방변)	心	忄	情(정)	풀초	艸	艹	葡(포)
손수	手	扌	打(타)	옷의	衣	衤	複(복)
칠복 (등글월문)	攴	攵	收(수)	덮을아	襾	覀	覆(복)
없을무	无	旡	旣(기) (이미기방)	발족	足	⻊	踏(답)
물수 (삼수변)	水	氵 氺	汁(즙)	쉬엄쉬엄갈착	辵	辶	近(근)
불화	火	灬	熱(열)	고을읍 (우부방)	邑	阝	郡(군)
소우	牛	牜	牧(목)	언덕부 (좌부방)	阜	阝	障(장)
개견	犬	犭	狐(호)	밥식	食	飠	飮(음)

부수한자
字

一
한 일

一자는 막대기를 옆으로 눕혀 놓은 모습을 그린 것이다. 고대에는 막대기 하나를 눕혀 숫자 '하나'라 했고 두 개는 '둘'이라는 식으로 표기를 했다. 一자는 숫자 '하나'를 뜻하지만 하나만 있는 것은 유일한 것을 연상시키기 때문에 '오로지'나 '모든'이라는 뜻도 갖게 되었다. 그러나 一자가 부수로 지정된 글자들은 숫자와는 관계없이 모양자만을 빌려 쓰는 경우가 많다.

부수 모양 한자	上(윗 상), 下(아래 하), 不(아닐 불/아닐 부), 世(인간 세/대 세)
활용단어	一定(일정), 一助(일조), 一周(일주), 一村(일촌), 一品(일품)

一期一會 일기일회

평생(平生)에 단 한 번 만남. 또는 그 일이 생애(生涯)에 단 한 번뿐인 일. 사람과의 만남 등의 기회(機會)를 소중(所重)히 함을 비유함.

丨
뚫을 곤

丨자는 세로로 한 획을 그어 '통하다', '세우다', '뚫다'의 뜻을 가진 글자로 관통의 의미가 있으며 어떠한 사물을 본뜬 것이라고 할 수는 없다. 부수로 지정되어 있지만 부수 쓰임이 거의 없고 한자 모양을 구성하기 위한 획에 불과하므로 의미보다는 모양자 역할을 한다.

부수 모양 한자	中(가운데 중), 串(곶 곶, 익을 관), 患(근심 환), 封(북돋을 봉)
활용단어	中心(중심), 中等(중등), 奉事(봉사), 患憂(환우), 患者(환자)

十中八九 십중팔구

'열에 여덟이나 아홉'이란 뜻으로, 열 가운데 여덟이나 아홉이 된다는 뜻. 곧, 거의 다 됨을 가리키는 말.

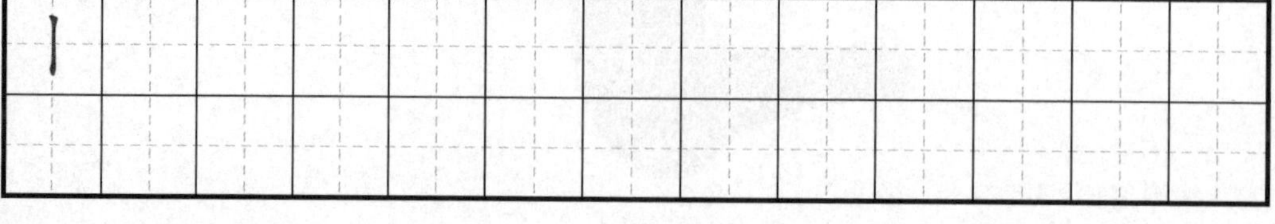

丶 점주

丶자는 '등잔 속의 불꽃 심지'를 그린 것으로 '점'이라는 뜻을 가진 글자다. 丶자가 쓰인 글자는 불꽃이나 심지와는 관계가 없기 때문에 단지 한자에 쓰이는 점을 표시하는 지사문자의 성격이 강하다.

부수 모양 한자	主(주인 주), 丸(둥글 환), 丹(붉을 단)
활용단어	主客(주객), 主觀(주관), 主語(주어), 主人(주인), 丹田(단전)

主客顚倒 주객전도

'주인(主人)은 손님처럼 손님은 주인(主人)처럼 행동(行動)을 바꾸어 한다.'는 것으로, 입장이 뒤바뀐 것.

丿 삐침 별

丿자는 오른쪽 위에서 왼쪽 아래로 획을 그은 것으로 '삐침'이라는 뜻을 갖지만 사물을 본뜬 것이 아니라 글자의 획을 구성하기 위해 만든 것이다. 단독으로는 쓰이지 않고 특별한 의미를 전달하지도 않는다. 그래서 丿자는 부수로 지정되어 있기는 하지만 단지 모양자 역할만을 한다.

부수 모양 한자	久(오랠 구), 乃(이에 내), 乘(탈 승), 乂(벨 예), 乎(어조사 호)
활용단어	久遠(구원), 乃子(내자), 乘車(승차), 乎哉(호재)

久而敬之 구이경지

사람을 사귄 지 오래되어도 공경(恭敬)함.

丿

乙 새 을

乙자의 사전적인 의미는 '새'로 구부러진 모습이 마치 새와 같다 하여 붙여진 이름이다. 乙자가 부수로 쓰인 글자들은 '새'와는 관계가 없다. 乙자가 단독으로 쓰일 때는 십간(十干)의 둘째 천간(天干)이라는 뜻으로 쓰이며 차례(次例)나 등급(等級)을 매길 때 둘째를 나타내는 말로 쓰인다.

부수 모양 한자	九(아홉 구), 乞(빌 걸), 也(어조사 야), 乳(젖 유), 乾(하늘 건)
활용단어	乙巳(을사), 乙未(을미), 乙鳥(을조), 乙丑(을축)

甲論乙駁 갑론을박

'갑이 논하면 을이 논박한다.'는 뜻으로 서로 논란(論難)하고 반박(反駁)함을 이르는 말.

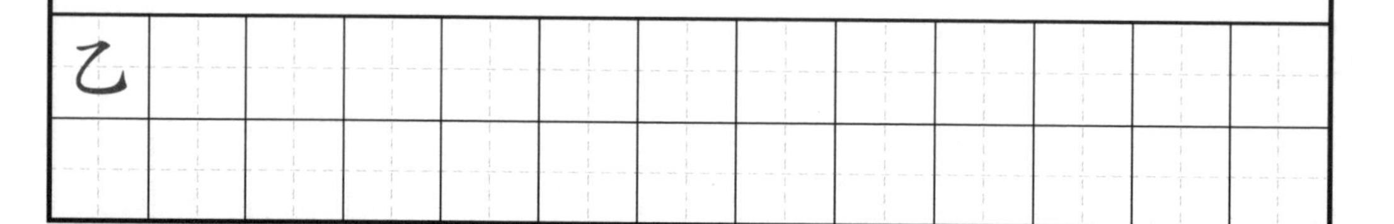

亅 갈고리 궐

亅자는 '갈고리'로 글자의 끝이 갈고리 모양을 닮았다 하여 붙여진 이름이며 단독으로 사용되지 않는다. 글자의 획을 삐쳐 올리는 방식이 도입된 이후 만들어진 부수로 특별한 의미가 없고 '갈고리'라는 뜻을 전달하지도 않는다.

부수 모양 한자	了(마칠 료), 予(나 여/미리 예), 事(일 사)
활용단어	終了(종료), 予曰(여왈), 予奪(여탈), 事實(사실)

三世了達 삼세요달

모든 부처의 지혜가 과거 · 현재 · 미래의 삼세를 달관하여 환하게 되어 있음을 이르는 말.

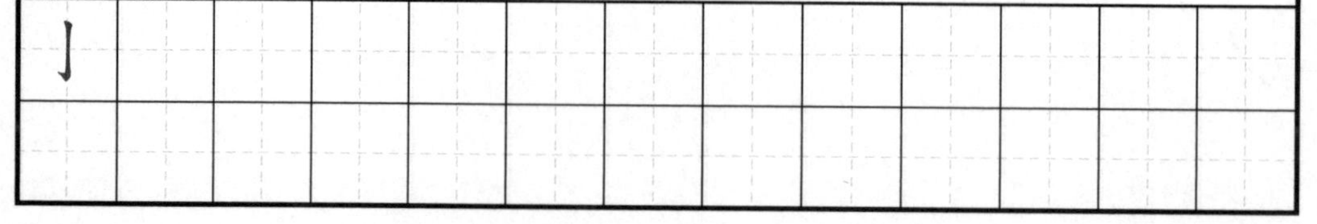

二

두 이

二자는 나무막대기나 손가락 두 개를 옆으로 뉘어 놓은 모양으로 '둘' 이라는 뜻을 나타낸다.

부수 모양 한자	于(어조사 우), 五(다섯 오), 井(우물 정), 云(이를 운), 亞(버금 아)
활용단어	二重(이중), 二品(이품), 二元(이원)

二人同心 이인동심

두 사람이 마음을 같이 함. 아주 친한 친구 사이.

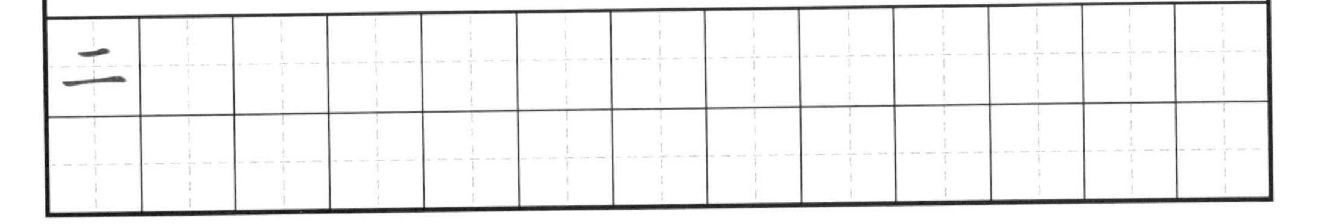

亠

두돼지해밑 두

亠자는 점 하나와 가로획 하나로 亥(해)의 머리 부분과 모양이 같기 때문에 붙여진 이름이며 뜻을 전달하지는 않는다. 한자의 자형을 구분하기 위해 만들어진 것일 뿐 특별한 의미는 없다.

부수 모양 한자	亡(망할 망), 交(사귈 교), 亦(또 역), 京(서울 경), 亭(정자 정)
활용단어	亡命(망명), 交流(교류), 上京(상경), 亭子(정자)

脣亡齒寒 순망치한

'입술을 잃으면 이가 시리다.' 는 뜻으로, 가까운 사이의 한쪽이 망하면 다른 한쪽도 그 영향을 받아 온전(穩全)하기 어려움을 비유하여 이르는 말.

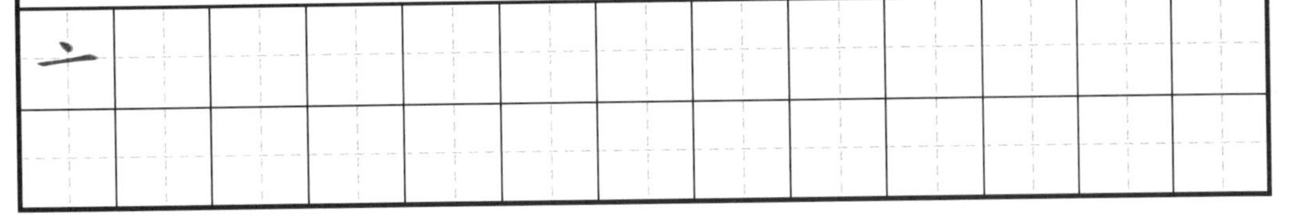

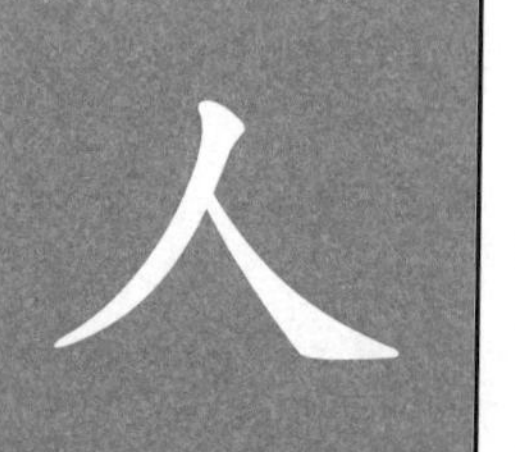

사람 인

人자는 서 있는 사람의 측면 모습을 본뜬 것으로 한자에서 가장 많이 쓰이는 글자다. 상용한자에서 人자가 부수로 쓰인 글자만 88자에 이를 정도다. 사람을 그린 부수이기 때문에 주로 사람의 행동이나 신체의 모습, 성품과 관련된 의미를 전달한다. 부수로 쓰일 때는 亻자로 주로 쓰인다.

부수 모양 한자	仁(어질 인), 仙(신선 선), 作(지을 작), 休(쉴 휴), 信(믿을 신), 仕(섬길 사/벼슬 사)
활용단어	人權(인권), 仁政(인정), 作家(작가), 休假(휴가)

人山人海 인산인해

'사람의 산과 사람의 바다' 라는 뜻으로, 사람이 헤아릴 수 없이 많이 모인 것을 나타냄.

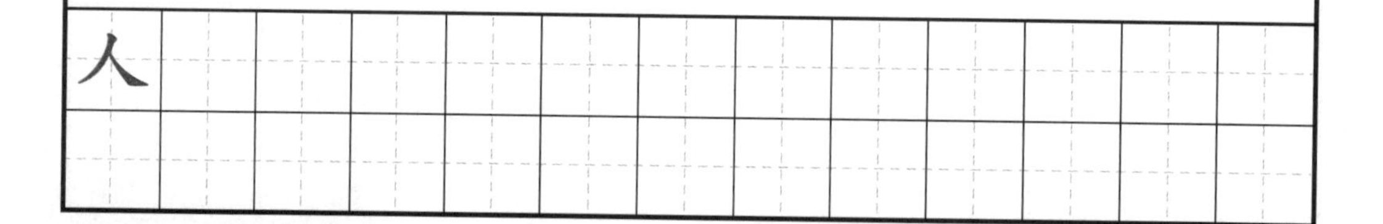

人

儿 어진사람 인

儿자는 본래 사람을 그린 人(사람 인)자와 같은 글자였으나 후에 글자의 아래쪽에 쓰이기 위해 변형된 것으로 '사람' 과 관계있는 글자가 많다. 儿자가 사전적으로는 '어진 사람' 이라는 뜻을 갖고 있지만, 부수로 쓰일 때는 人자와 마찬가지로 단순히 '사람' 과 관계된 뜻을 전달한다.

부수 모양 한자	元(으뜸 원), 完(완전할 완), 光(빛 광), 先(먼저 선), 洗(씻을 세), 免(면할 면)
활용단어	元祖(원조), 完璧(완벽), 允許(윤허), 兄弟(형제)

元龍高臥 원룡고와

'원룡이 높은 침상(寢床)에 눕는다.' 는 뜻으로, 손님을 업신여김을 이름.

儿

들 입

入자는 동굴 집으로 들어가는 굴의 입구를 나타내며 집으로 '들어가다'의 뜻이 있다.

부수 모양 한자	內(안 내), 全(온전할 전), 兩(두 량)
활용단어	內在(내재), 全體(전체), 兩地(양지), 入學(입학)

漸入佳境 점입가경

'가면 갈수록 경치(景致)가 더해진다.'는 뜻으로, 일이 점점 더 재미있는 지경으로 돌아가는 것을 비유함.

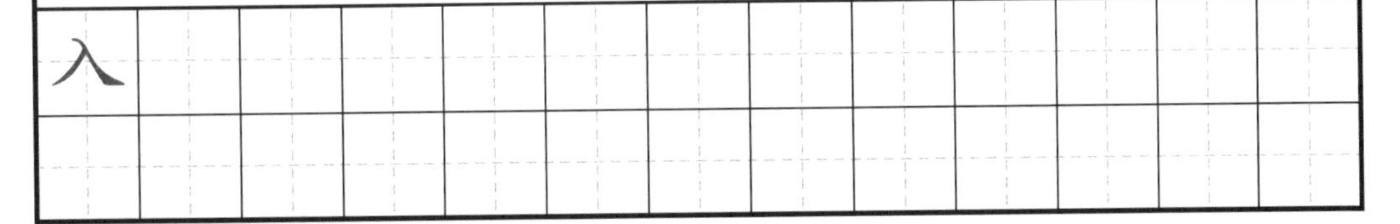

여덟 팔

八자는 사물이 반으로 쪼개진 모습을 그린 것이다. '나누다'라는 뜻으로 쓰이다 후에 숫자 '여덟'으로 가차(假借) 되면서 지금은 여기에 刀(칼 도)자를 더한 分(나눌 분)자가 '나누다'라는 뜻을 대신하고 있다. 단독으로 쓰일 때는 숫자 '여덟'을 뜻하지만, 부수로 쓰일 때는 公(공평할 공)자처럼 여전히 '나누다'라는 뜻을 전달한다.

부수 모양 한자	六(여섯 육), 公(공평할 공), 共(한가지 공), 其(그 기), 具(갖출 구), 兵(군사 병)
활용단어	公共(공공), 具色(구색), 兵士(병사), 八角(팔각)

八方美人 팔방미인

어느 모로 보나 아름다운 미인(美人). 누구에게나 두루 곱게 보이는 방법으로 처세하는 사람. 여러 방면의 일에 능통한 사람.

八

冂

멀 경

冂자는 국경을 지나는 관문을 그린 것이다. 갑골문에 나온 冂자는 큰 문 중앙에 口(입 구)자가 그려져 있는데 지금의 冋(들 경)자다. 이것은 국경지대에 있는 큰 대문과 입구를 표현한 것으로 먼 국경에 있는 관문이라는 의미에서 '멀다' 라는 뜻을 갖고 있다. 冂자가 부수로 쓰인 글자들은 뜻과는 관계없이 대부분 모양자 역할만 하고 있다.

부수 모양 한자	冊(책 책), 再(두 재), 冒(무릅쓸 모), 冕(면류관 면)
활용단어	冊床(책상), 再生(재생), 冒瀆(모독), 冕服(면복)

冊床退物 책상퇴물

글만 읽고 세상 물정에는 어두운 사람, 책상(冊床)물림.

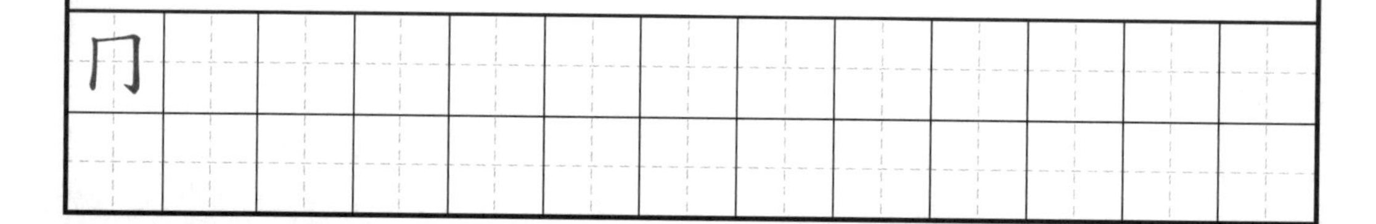

冖

덮을 멱

冖자는 '덮다' 나 '덮어 가리다' 라는 뜻을 가진 글자다. 冖자는 '민갓머리' 라는 뜻도 있는데, 이는 갓의 모습을 닮았지만 윗부분이 '밋밋하다' 는 뜻이나 글자의 형성과 관계없이 붙여진 것이다. 보자기 같은 것으로 무언가를 덮어 가리는 것을 뜻하려 만든 글자로 '덮다' 나 '가리다' 라는 뜻을 갖게 되었지만, 단순히 모양자 역할만을 하는 경우가 많다.

부수 모양 한자	冠(갓 관), 冢(무덤 총), 冤(원통할 원), 冥(어두울 명)
활용단어	衣冠(의관), 冢土(총토), 冤罪(원죄), 冥途(명도)

冠婚喪祭 관혼상제

관례(冠禮) · 혼례(婚禮) · 상례(喪禮) · 제례(祭禮)의 네 가지 예(禮)를 말함.

冖

冫 얼음 빙

冫 자는 두 개의 얼음덩어리로 물이 얼어 있는 모습을 본뜬 글자다.

부수 모양 한자	冬(겨울 동), 冷(찰 냉), 凉(서늘할 량), 凍(얼 동), 冶(풀무 야), 況(상황 황)
활용단어	冬至(동지), 冷水(냉수), 凍結(동결), 冶工(야공), 狀況(상황)

嚴冬雪寒 엄동설한

눈 내리는 깊은 겨울의 심한 추위.

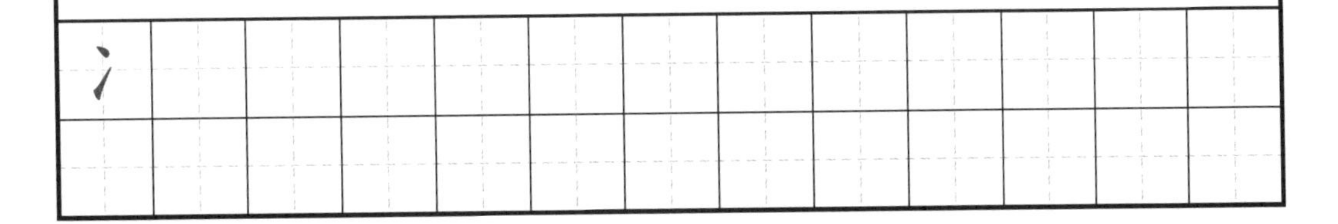

几 안석 궤

几자는 앉아서 기댈 수 있도록 고안된 탁자 모습을 본뜬 것으로 글자를 쓸 때 왼쪽은 삐쳤고 오른쪽은 구부렸다.

부수 모양 한자	凡(무릇 범), 汎(뜰 범), 帆(돛 범), 釩(떨칠 범)
활용단어	几席(궤석), 書几(서궤), 几杖(궤장)

凡聖一如 범성일여

범인(凡人)과 성인(聖人)의 구별은 있지만, 본성은 일체(一切) 평등하다는 말.

几

입벌릴 감

凵자는 입을 벌리거나 물건을 담는 그릇을 그린 것과 같아서 '입을 벌리다' 나 '위가 터진 그릇' 이라는 뜻을 갖게 되었다. 凵자가 부수로 쓰일 때는 무언가가 움푹 들어간 모양으로 활용되고 있다.

부수 모양 한자	出(날 출), 凶(흉할 흉), 函(함 함), 凹(오목할 요), 凸(볼록할 철)
활용단어	出席(출석), 凶年(흉년), 函數(함수), 凹凸(요철)

出告反面 출고반면

부모에게 나갈 때는 갈 곳을 아뢰고, 들어와서는 얼굴을 보여드림.

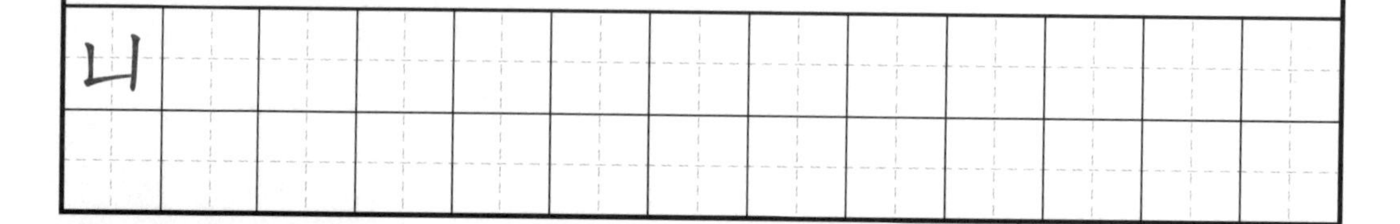

刀

칼 도(刂)

刀자는 고대에 사용하던 칼의 일종을 그린 것으로 '칼' 이라는 뜻을 가진 글자다. 칼은 물건을 자르거나 베는 역할을 하기 때문에 刀자가 부수로 쓰인 글자들은 대부분 사물이 갈라지거나 '공격하다' 라는 뜻을 전달한다. 부수로 쓰일 때 刂(선칼도)자로 바뀌어 사용되기도 한다.

부수 모양 한자	刃(칼날 인), 切(끊을 절), 初(처음 초), 券(문서 권), 刑(형벌 형), 別(나눌 별)
활용단어	刀刃(도인), 切實(절실), 初行(초행), 刑罰(형벌)

刀山劍水 도산검수

아주 험하고 위험(危險)한 지경(地境)을 비유한 말.

刀

力 힘 력	力자는 쟁기를 그린 것으로 '힘' 이나 '힘쓰다', '일꾼' 이라는 뜻을 가진 글자다. 동물이 쟁기를 끌기 전 사람이 직접 끌었기 때문에 '힘', '체력' 의 뜻이 담겼지만 위력, 힘으로 제압한다는 의미까지 포함되었다. 力자가 '힘' 과 관련된 뜻으로 쓰이게 되면서 후에 耒(쟁기 뢰)자가 '쟁기' 라는 뜻을 대신하게 되었다.
부수 모양 한자	功(공 공), 勞(일할 로(노)), 勇(날랠 용), 勸(권할 권), 勢(형세 세), 劫(위협할 겁)
활용단어	功勞(공로), 勇氣(용기), 勸誘(권유), 勢力(세력)

力不終心 역부종심

힘이 부족하여 생각한 대로 할 수 없음.

力

勹 쌀 포	勹자는 사람이 몸을 굽혀 물건을 안은 모양을 본뜬 글자로 무언가에 둘러싸여 '둥그런' 모습을 나타낸다. 상용한자에서는 勹자의 의미가 반영된 글자가 적고 단순히 모양자만을 표현하는 경우가 많다. 다른 글자와 결합할 때는 '(둘러)싸다' 라는 뜻을 전달한다.
부수 모양 한자	包(쌀 포), 匈(오랑캐 흉/가슴 흉), 均(고를 균), 抱(안을 포), 飽(물릴 포)
활용단어	包容(포용), 包含(포함), 匈奴(흉노), 均等(균등)

八包大商 팔포대상

생활(生活)에 걱정이 없는 사람을 가리키는 말.

勹

비수 비

匕자는 본래 사람을 그린 것으로 갑골문에는 손을 앞으로 모으고 서 있는 사람 모습이 그려져 있어 대체로 '사람'과 '숟가락'의 두 가지 의미로 나뉜다. 匕자가 부수로 쓰일 때는 대부분 사람과 관계된 의미를 전달하게 되지만 부수가 아닐 경우에는 旨(맛있을 지)자처럼 모양자 역할을 하여 '수저'나 '비수'라는 뜻을 전달하기도 한다.

부수 모양 한자	化(될 화), 北(북녘 북/달아날 배), 旨(뜻 지), 比(견줄 비)
활용단어	匕首(비수), 化學(화학), 北向(북향)

圖窮匕見 도궁비현

'지도(地圖)를 펼치자 비수(匕首)가 나타난다.'는 뜻으로, 일이 탄로나는 것을 이르는 말.

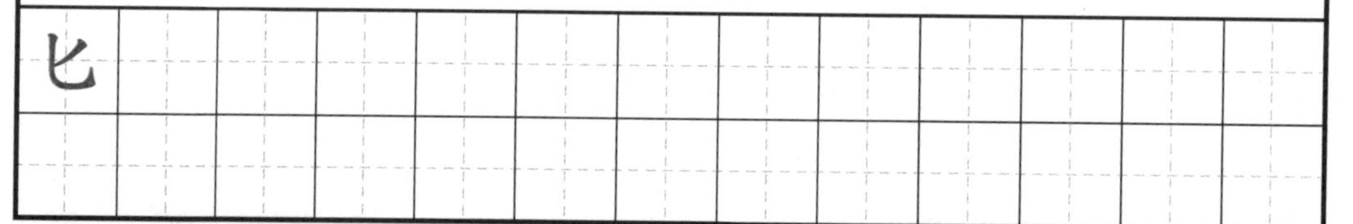

匚

상자 방

匚자는 물건을 담는 바구니를 그린 것이다. 덮개가 없는 바구니를 그린 한자이기 때문에 물건을 담을 수 있는 부분이 열려 있는 형태로 '상자'를 지칭하게 되었다. '감추다'라는 뜻의 匸(감출 혜)자와 비슷하나 匚(상자 방)자는 하단이 직각이고 감출 혜(匸)자는 곡선 형태이나 실제 쓰임에서는 큰 구별이 없다.

부수 모양 한자	匠(장인 장), 匡(바를 광), 匱(다할 궤/상자 궤)
활용단어	匠人(장인), 匡正(광정), 匱乏(궤핍)

意匠慘憺 의장참담

회화(繪畫), 시문(詩文) 등의 제작에 골몰하여 무척 애씀.

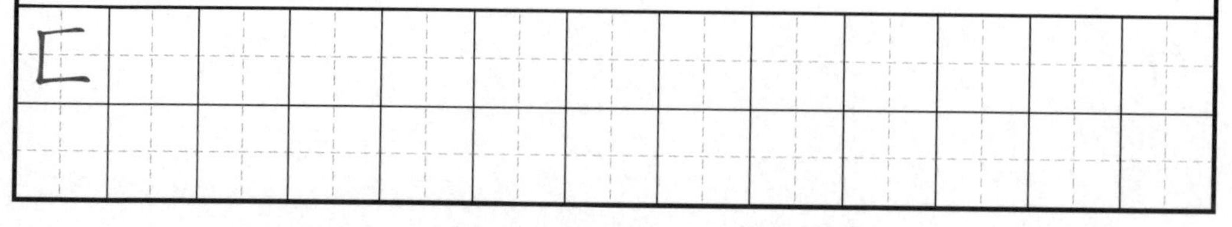

匸

감출 혜

匸자는 덮개가 있는 상자의 측면을 그린 것으로 '감추다' 나 '덮다' 라는 뜻을 가진 글자다. '상자' 를 뜻하는 匚(상자 방)자와 매우 비슷하나 외부에 쉽게 노출되지 않도록 물건을 넣어놓는다는 의미가 있다. 匸(혜)자가 쓰인 글자 대부분은 匚(방)자와 구분 없이 쓰이는 경우가 많고 부수로 쓰이는 글자들조차 匸(혜)자와 무관한 경우가 대부분이다.

부수 모양 한자	區(구분할 구), 匹(짝 필), 匿(숨길 닉), 医(의원 의)
활용단어	區域(구역), 區劃(구획), 匹夫(필부), 匹婦(필부)

區區生活 구구생활

겨우겨우 지내는 생활(生活).

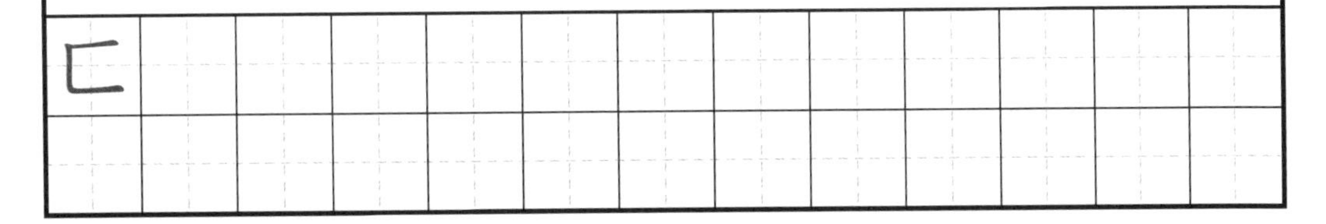

열 십

十자는 상하좌우로 획을 그어 합친 모양을 나타낸 글자로 숫자 '열' 을 뜻한다. 부수로 지정되어 있지만 대부분 모양자 역할이고 의미는 전달하지 않는다.

부수 모양 한자	千(일천 천), 卒(마칠 졸), 半(반 반), 午(낮 오), 升(오를 승), 卑(낮을 비)
활용단어	千年(천년), 午睡(오수), 升降(승강), 卑怯(비겁), 博士(박사)

十人十色 십인십색

열 사람이면 열 사람의 성격이나 사람됨이 제각기 다름.

十

卜

점 복

卜자는 거북의 딱지를 불로 지져 갈라진 모습을 그린 것으로 갈라진 모양과 소리에 따라 길흉을 점쳤다. 고대에 점을 치던 방식에서 유래한 글자로 '점'이나 '점괘'라는 뜻을 가지며 나아가 '점치다', '예측하다'의 뜻이 나왔고 단단한 거북딱지의 곧은 특성으로 '곧다'라는 뜻도 갖게 되었다.

부수 모양 한자	占(점령할 점), 卦(걸 괘), 貞(곧을 정), 外(바깥 외)
활용단어	卜債(복채), 占卦(점괘), 占領(점령)

卜不襲吉 복불습길

한 번 길조(吉兆)를 얻으면 다시 점을 칠 필요가 없다는 말.

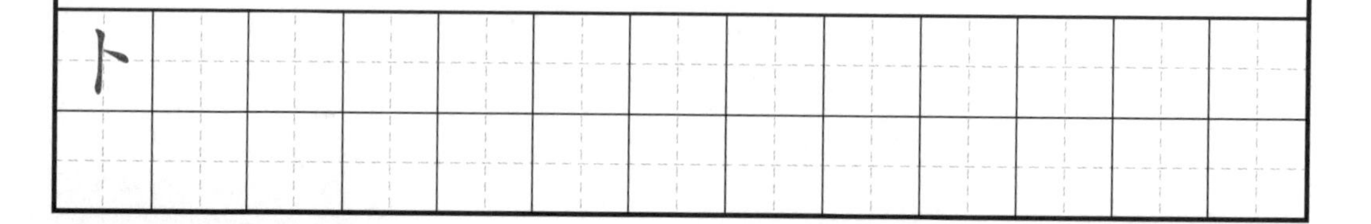

卩

병부 절

卩자는 사람이 무릎 꿇고 있는 모습을 본뜬 것이다. 그래서 卩자가 부수로 쓰일 때는 대부분 무릎을 꿇고 있는 사람과 관련된 뜻을 전달하기 때문에 '병부'와는 관계가 없다. 병부(兵符)는 군사를 일으키는 반란을 막기 위해 왕과 지방관리 사이에 미리 나눠 갖고 있던 신표(信標)를 이르는 말이다.

부수 모양 한자	印(도장 인), 却(물리칠 각), 卷(책 권), 危(위태할 위), 卽(곧 즉)
활용단어	印鑑(인감), 却下(각하), 卷末(권말), 危殆(위태)

如印一板 여인일판

한 판에 찍어 낸 듯이 조금도 서로 다름이 없음.

卩

厂 기슭 엄

厂자는 산이나 강의 기슭을 그린 것으로 '기슭'이나 '언덕', '굴바위'라는 뜻을 가진 글자다. 산비탈의 벼랑이나 언덕의 굴곡을 그린 한자이기 때문에 부수로 쓰일 때는 산이나 언덕과 관련된 의미를 전달한다. 예전에는 厂자와 广(집 엄)자를 엄격히 구별하지 않았기 때문에 일부 글자는 厂자가 '집'과 관련된 뜻을 전달하기도 한다.

부수 모양 한자	厄(액 액), 原(근원 원/언덕 원), 厭(싫어할 염), 厚(두터울 후)
활용단어	免厄(면액), 原理(원리), 厭症(염증), 厚德(후덕)

橫來之厄 횡래지액

뜻밖에 닥쳐오는 모질고 사나운 일.

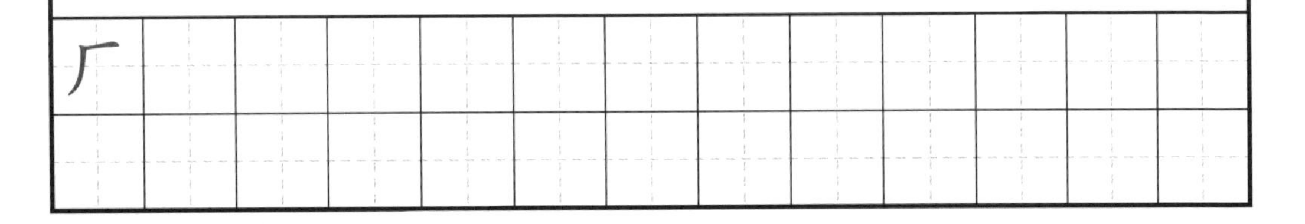

厶 사사 사

厶자는 팔을 안으로 굽힌 모습을 그린 것으로 '사사'나 '나'라는 뜻을 가진 글자다. 팔을 안으로 굽혔다는 것은 무언가를 끌어당겨 자신이 소유한다는 뜻을 담고 있기 때문에 지극히 개인적인 것, '사사롭다'라는 뜻을 전달한다.

부수 모양 한자	去(갈 거), 參(석 삼/참여할 참), 肱(팔뚝 굉), 私(사사 사), 公(공평할 공)
활용단어	去來(거래), 參加(참가), 私慾(사욕), 公明(공명)

去頭截尾 거두절미

'머리와 꼬리를 잘라버린다.'는 뜻으로, 앞뒤를 생략하고 본론으로 들어감.

厶

또 우

又자는 사람의 오른손을 그린 것으로 '손' 이라는 뜻으로 쓰이다 후에 '또' 나 '다시' 라는 뜻을 갖게 되었다. 중국에서는 오른쪽이 옳고 바름을 상징한다고 생각했기 때문에 아이가 어릴 때부터 오른손잡이가 되도록 가르쳤다. 그래서 又자가 자주 사용하는 손이라는 의미를 뜻하게 되었다. 다른 글자와 결합할 때는 여전히 '손' 과 관련된 뜻을 전달한다.

부수 모양 한자	反(돌이킬 반), 及(미칠 급), 友(벗 우), 受(받을 수), 取(가질 취)
활용단어	反省(반성), 言及(언급), 友情(우정), 受容(수용), 取消(취소)

兼之又兼 겸지우겸

몇 가지를 겸한 위에 또 더욱 겸함.

입 구

口자는 사람의 입 모양을 본떠 그린 것이기 때문에 '입' 이라는 뜻을 갖게 되었다. 입을 그린 口자는 다른 글자와 결합할 때는 대부분 '입' 이나 '소리' 와 관련된 의미를 전달하지만 때로는 '출입구' 나 '구멍' 으로 응용되기도 한다.

부수 모양 한자	可(옳을 가), 各(각각 각), 句(글귀 구), 吉(길할 길), 告(알릴 고), 名(이름 명)
활용단어	可能(가능), 各種(각종), 句節(구절), 吉夢(길몽)

口尙乳臭 구상유취

'입에서 아직 젖내가 난다.' 는 뜻으로, 말과 하는 짓이 아직 유치함을 일컬음.

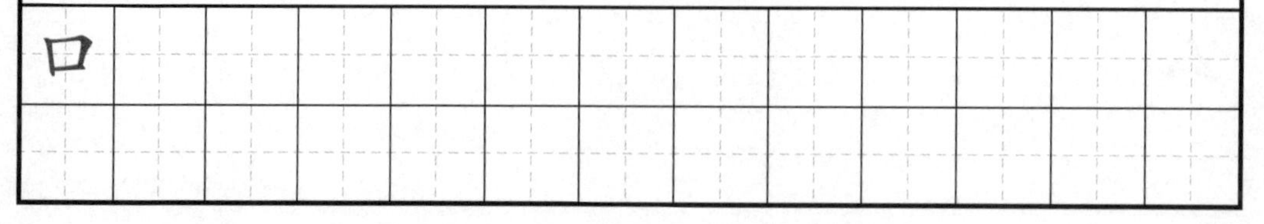

三劃

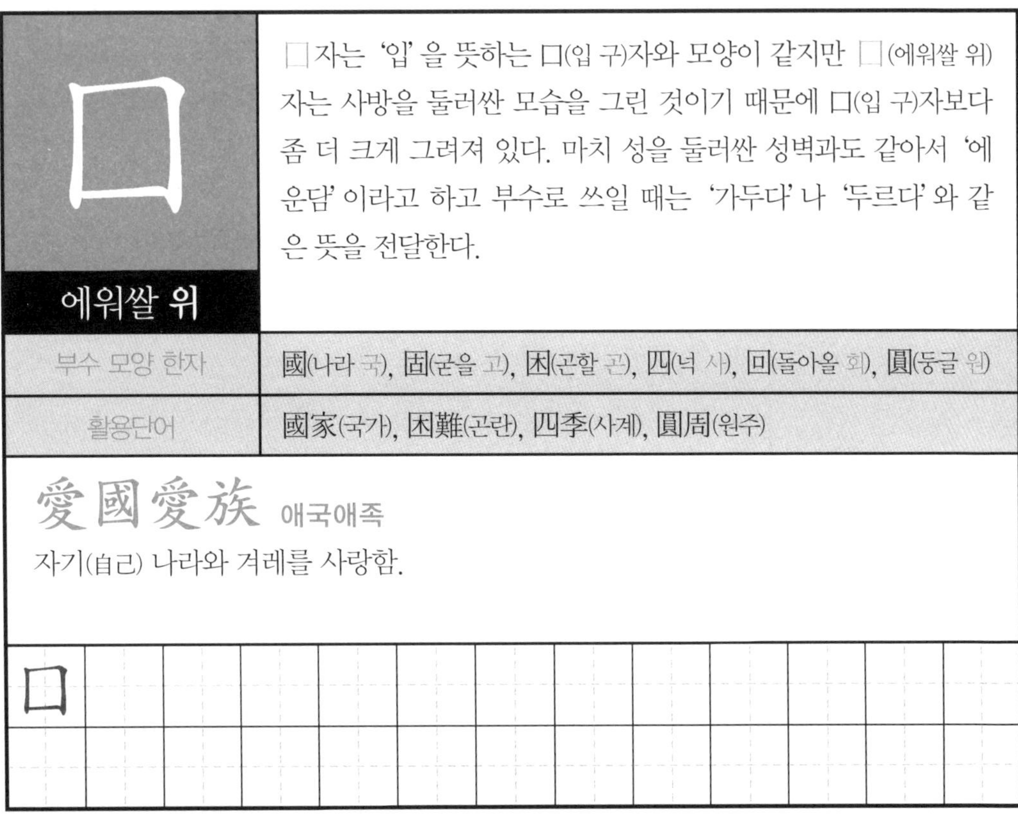

囗
에워쌀 위

囗자는 '입'을 뜻하는 口(입 구)자와 모양이 같지만 囗(에워쌀 위)자는 사방을 둘러싼 모습을 그린 것이기 때문에 口(입 구)자보다 좀 더 크게 그려져 있다. 마치 성을 둘러싼 성벽과도 같아서 '에운담'이라고 하고 부수로 쓰일 때는 '가두다'나 '두르다'와 같은 뜻을 전달한다.

부수 모양 한자	國(나라 국), 固(굳을 고), 困(곤할 곤), 四(넉 사), 回(돌아올 회), 圓(둥글 원)
활용단어	國家(국가), 困難(곤란), 四季(사계), 圓周(원주)

愛國愛族 애국애족

자기(自己) 나라와 겨레를 사랑함.

囗

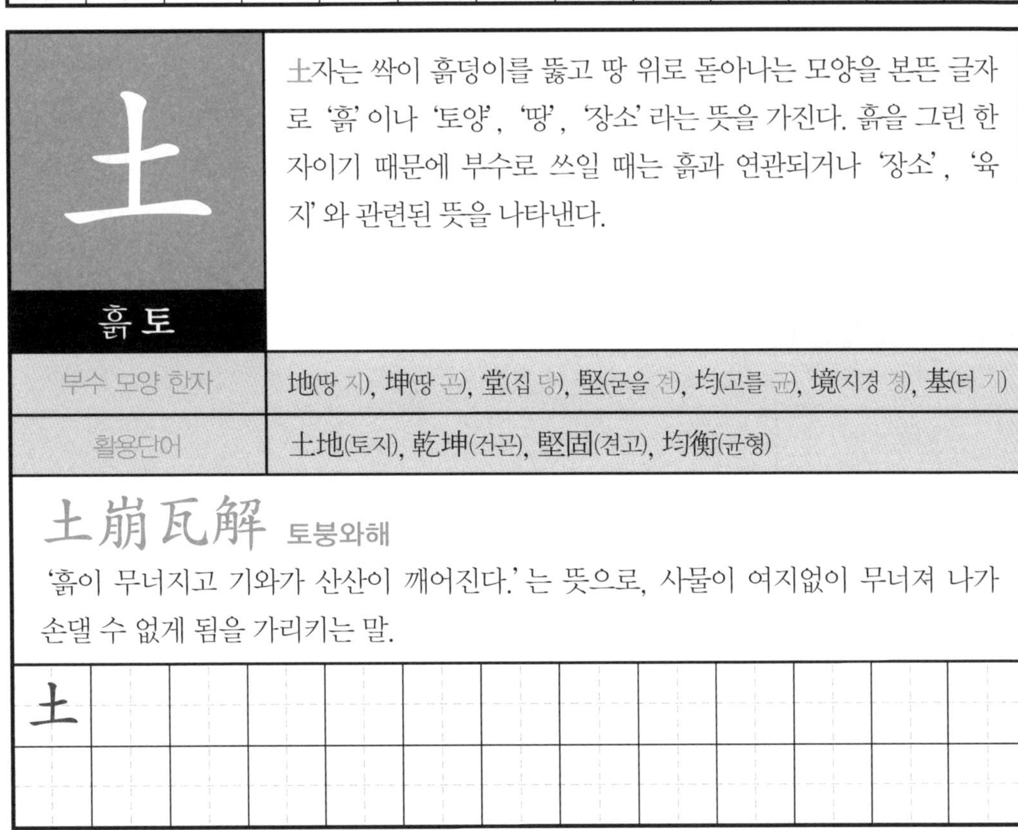

土
흙 토

土자는 싹이 흙덩이를 뚫고 땅 위로 돋아나는 모양을 본뜬 글자로 '흙'이나 '토양', '땅', '장소'라는 뜻을 가진다. 흙을 그린 한자이기 때문에 부수로 쓰일 때는 흙과 연관되거나 '장소', '육지'와 관련된 뜻을 나타낸다.

부수 모양 한자	地(땅 지), 坤(땅 곤), 堂(집 당), 堅(굳을 견), 均(고를 균), 境(지경 경), 基(터 기)
활용단어	土地(토지), 乾坤(건곤), 堅固(견고), 均衡(균형)

土崩瓦解 토붕와해

'흙이 무너지고 기와가 산산이 깨어진다.'는 뜻으로, 사물이 여지없이 무너져 나가 손댈 수 없게 됨을 가리키는 말.

土

선비 사

士자는 휴대가 간편한 고대 무기 또는 법관의 모습을 그렸다고 전한다. '선비'나 '관리', '사내'라는 뜻을 가진 글자로 하나(一)를 배우면 열(十)을 깨우치는 사람이라는 데서 '선비'를 뜻하기도 한다. 지금은 학문을 닦는 사람을 '선비'라 하지만 고대에는 무관(武官)을 뜻했다. 부수로 쓰일 때는 '선비'나 '관리', '남자'라는 뜻을 전달한다.

부수 모양 한자	壯(장할 장), 壹(한 일), 吉(길할 길), 壽(목숨 수)
활용단어	壯士(장사), 壹萬(일만), 壽命(수명)

士氣振作 사기진작

의욕이나 자신감이 충만하여 굽힐 줄 모르는 씩씩한 기세(氣勢)를 떨쳐 일으킴.

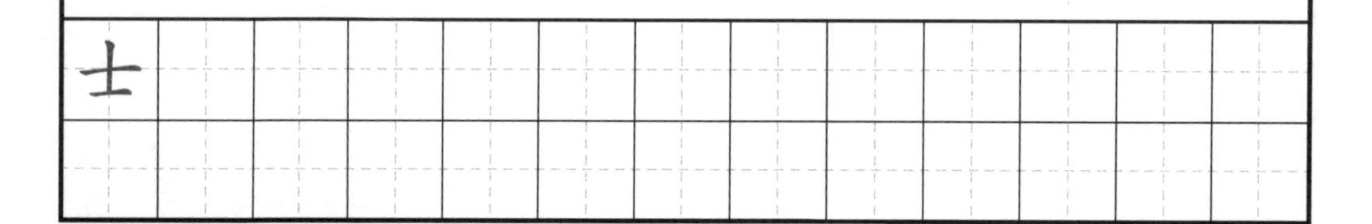

夂

뒤처져 올 치

夂자는 천천히 걷는 모습을 그린 것으로 '뒤처져서 오다'라는 뜻을 가졌다. 단독으로 쓰이지 않고, 구성된 글자도 많지 않으나 실제 쓰임에서는 단순히 '발'이나 '걸음'과 관계된 의미를 전달한다.

부수 모양 한자	各(각각 각), 處(곳 처), 降(내릴 강/항복할 항)
활용단어	各自(각자), 處理(처리), 降雨(강우)

各自圖生 각자도생

사람은 제각기 살아갈 방법을 도모함.

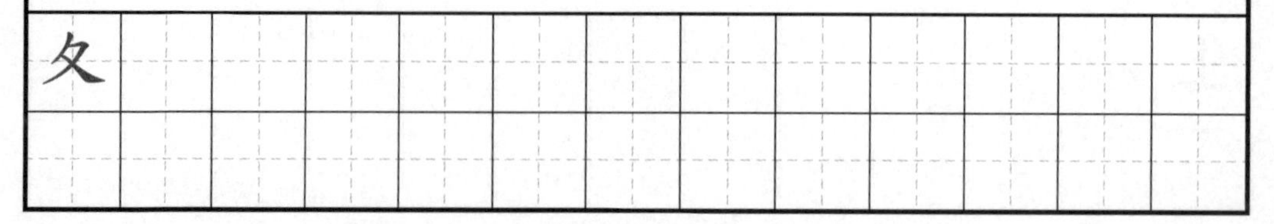

천천히 걸을 쇠

夊자는 夂자와 같이 '천천히 걷다' 라는 뜻을 나타낸다. 夊자는 夂자와 비슷한데 획이 좀 더 길게 그려진 형태이다. 이는 발걸음이 멈추었거나 천천히 걷고 있음을 뜻한다.

부수 모양 한자	夏(여름 하), 复(회복할 복/다시 부), 夐(멀 형), 夌(언덕 릉)
활용단어	夏服(하복), 夐超(형초)

夏爐冬扇 하로동선

'여름의 화로와 겨울의 부채' 라는 뜻으로, 아무 소용 없는 말이나 재주를 비유하여 이르는 말.

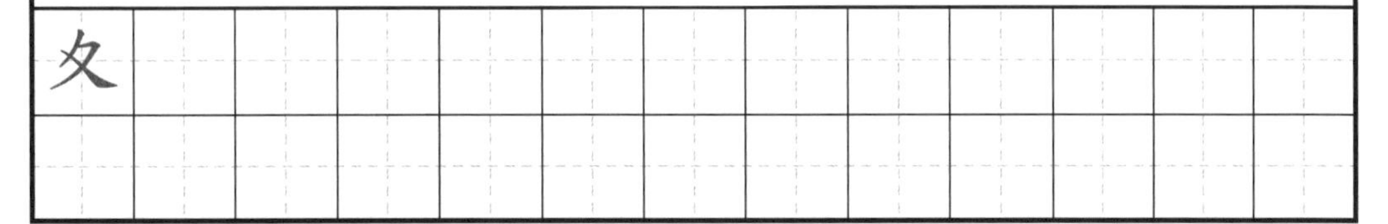

夕

저녁 석

夕자는 반달을 본떠 그린 것으로 갑골문에는 초승달이 그려져 있다. '달' 을 뜻하는 月(달 월)자와는 비슷하지만 가운데 점이 없는 모습으로 구별된다. 달빛이 구름에 가려진 모습이라 하여 '저녁' 을 뜻하게 되어 부수로 쓰일 때는 대부분 '저녁' 이나 '밤' 과 관련된 뜻을 전달한다.

부수 모양 한자	外(바깥 외), 多(많을 다), 夜(밤 야), 夢(꿈 몽)
활용단어	夕陽(석양), 外部(외부), 過多(과다), 夜間(야간), 吉夢(길몽)

朝變夕改 조변석개

'아침, 저녁으로 뜯어고친다.' 는 뜻으로, 계획이나 결정 따위를 자주 바꾸는 것을 이름.

夕

큰 대

大자는 팔과 다리를 벌리고 있는 사람의 정면 모습을 그려 측면 모습을 그린 人과는 달리 크고 위대한 사람을 뜻한다. '크다' 나 '높다', '많다', '심하다' 와 같은 다양한 뜻으로 쓰이지만, 정도가 과하다는 의미에서 '심하다' 라는 뜻도 파생되어 있다. 大자가 부수로 쓰일 때는 '크다' 와는 관계없이 단순히 사람과 관련된 뜻을 전달하는 경우가 많다.

부수 모양 한자	天(하늘 천), 太(클 태), 失(잃을 실), 央(가운데 앙), 夷(오랑캐 이)
활용단어	天地(천지), 太陽(태양), 失手(실수), 中央(중앙)

大道無門 대도무문

'사람으로서 마땅히 지켜야 할 큰 도리나 정도에는 거칠 것이 없다.' 는 뜻으로, 누구나 그 길을 걸으면 숨기거나 잔재주를 부릴 필요가 없다는 말.

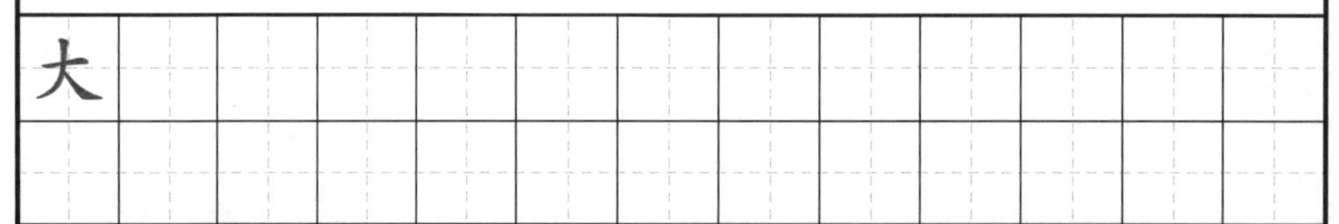

女

여자 녀

女자는 손을 앞으로 모으고 무릎을 꿇고 앉은 여자의 모습을 본뜬 글자로 '여자(女子)' 의 통칭이 되었다. 한자에서 女의 상징은 시대에 따라 변해왔는데 아이를 낳는 모습을 그린 后(임금 후)나 始(처음 시)처럼 인류의 기원이자 생산성을 가진 위대한 존재로 인식되다가 母(어미 모)처럼 아이를 양육하고 문화를 전승, 창조하는 주체로 인식되었다. 부권 중심사회가 되면서 변해갔다.

부수 모양 한자	妃(왕비 비), 如(같을 여), 好(좋을 호), 妊(임신할 임), 妙(묘할 묘), 妥(온당할 타)
활용단어	女王(여왕), 妊娠(임신), 妙味(묘미), 妥協(타협)

女中豪傑 여중호걸

호협한 기상이 있는 여자.

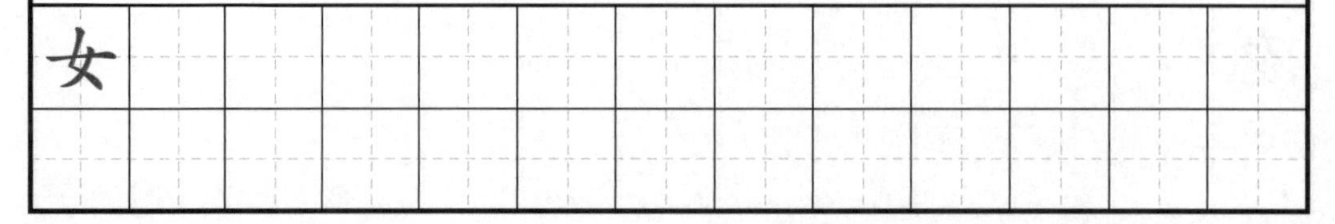

子

아들 자

子자는 두 팔을 벌린 아이의 모습을 본뜬 것이다. '아이', '자식'이라는 뜻을 갖게 되었고 부계사회가 되면서 '남자' 아이라는 의미가 되었다. 種子(종자)에서처럼 '씨'라는 의미와 열매, 孔子(공자)처럼 남성의 극존칭, 후계자는 물론 스승이나 남성을 높여 부르거나 작위 명칭, 이인칭 대명사, 12지지의 첫 번째 등으로도 쓰였다.

부수 모양 한자	孔(구멍 공), 字(글자 자), 存(있을 존), 孝(효도 효), 孫(손자 손), 學(배울 학)
활용단어	孔子(공자), 學校(학교), 孝道(효도), 保存(보존)

子孫萬代 자손만대

자자손손의 썩 많은 세대(世代).

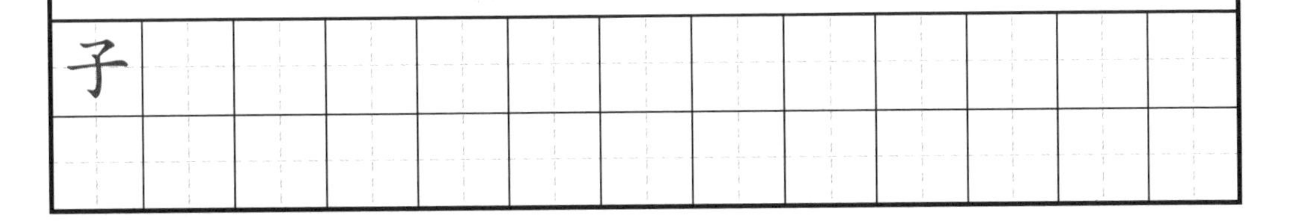

宀

집 면

宀자는 '집'이나 '갓머리'라는 뜻을 가진 글자로 지붕을 본뜬 것이다. 지금의 모습이 '갓'을 닮았다 하여 '갓머리'라는 이름이 붙여진 것일 뿐 본래는 집을 그렸던 것으로 부수로 쓰일 때는 대부분 '집'이나 '건축물'과 관련된 뜻을 전달한다. 하지만 突(갑자기 돌)자처럼 '동굴'을 그린 穴(구멍 혈)자와는 다른 글자라는 점은 주의해야 한다.

부수 모양 한자	家(집 가), 守(지킬 수), 安(편안 안), 定(정할 정), 宴(잔치 연)
활용단어	家族(가족), 守備(수비), 安全(안전), 定着(정착), 宴會(연회)

家貧親老 가빈친로

집이 가난하고 부모가 늙었을 때는 마음에 들지 않은 벼슬이라도 얻어서 어버이를 봉양해야 한다는 말.

宀

寸

마디 촌

寸자는 오른손을 그린 又(또 우)자에 점을 찍어 손의 마디임을 형상화해 '마디'나 '촌수'를 뜻한다. 지사문자(指事文字)로 손끝에서 맥박이 뛰는 곳까지의 길이를 뜻하다 보니 이전에는 길이의 기준으로 쓰였다. 기준은 반드시 지켜야 하는 규칙이기 때문에 '법도'나 '규칙'이라는 뜻으로 쓰이기도 한다.

부수 모양 한자	寺(절 사), 封(봉할 봉), 射(쏠 사), 將(장수 장), 尊(높을 존), 對(대할 대)
활용단어	寺院(사원), 封印(봉인), 射手(사수), 將來(장래)

寸鐵殺人 촌철살인

'한 치밖에 안 되는 칼로 사람을 죽인다.'는 뜻으로, 간단한 경구나 단어로 사람을 감동시킴.

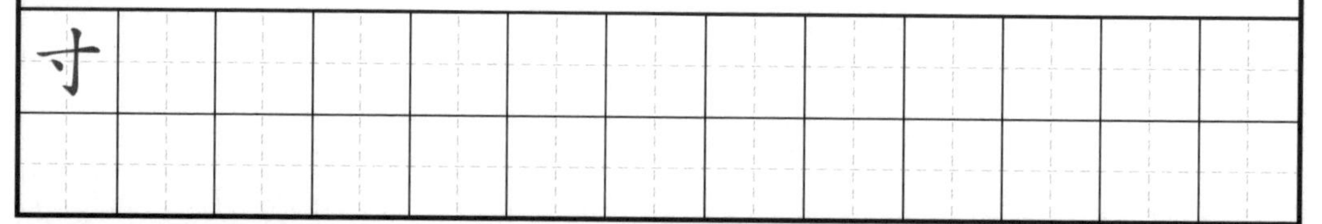

小

작을 소

小자는 가운데의 갈고리궐(亅)部와 나눔을 나타내는 八(팔)을 합하여 물건을 작게 '나누다'의 뜻을 갖게 되었다. 고대에는 小자나 少(적을 소)자의 구분이 없었으나 지금의 小자는 '작다'로 少자는 '적다'로 뜻이 분리되었다. 그래서 小자가 부수로 쓰일 때도 작은 것과 관련된 뜻을 전달하지만 때로는 모양자 역할만을 하기도 한다.

부수 모양 한자	少(적을 소), 尖(뾰족할 첨), 尙(오히려 상)
활용단어	小說(소설), 少年(소년), 尖端(첨단), 尙武(상무)

小貪大失 소탐대실

작은 것을 탐하다가 오히려 큰 것을 잃음.

小

절름발이 **왕**

尢자는 사람의 다리에 획이 그어진 모습으로 굽은 사람의 다리를 표현한 것인데 '절름발이'라는 뜻을 가진다. 다리가 정상적이지 못해 삶이 녹록지 않아 尢자가 쓰인 글자들은 대부분 어렵거나 곤경에 처한 상황을 표현하고 있다. '더욱'이라는 뜻을 가진 尤(더욱 우)자와 비슷하여 종종 혼용되기도 한다. 하지만 尤자는 又(또 우)자에 획을 하나 그은 모습이 변한 것이기 때문에 두 글자의 기원은 다르다.

부수 모양 한자	尤(더욱 우), 就(나아갈 취), 尨(삽살개 방/어지러울 봉)
활용단어	悔尤(회우), 就職(취직), 尨服(방복)

尤而效之 우이효지

남의 그릇됨을 나무라면서도 자기가 비행을 저지름을 이르는 말.

尢

尸

주검 **시**

尸자는 누워 있는 사람 또는 다리를 구부린 사람의 모습을 본뜬 것으로 '주검'이나 '시체' 즉, 산 사람보다는 죽은 사람을, 현재보다는 조상 대대로 살아온 '집'을 뜻한다. 尸자가 부수로 쓰인 글자를 보면 대부분 '죽음'과 관계없이 단순히 '사람'이나 '앉아 있는 사람'과 관계된 의미를 전달하는 경우가 많다. 따라서 尸자가 쓰인 글자는 '죽음'과 연관 짓지 않아도 된다.

부수 모양 한자	尺(자 척), 局(판 국), 尿(오줌 뇨), 尾(꼬리 미), 居(살 거), 屋(집 옥), 展(펼 전)
활용단어	尺度(척도), 局面(국면), 尾行(미행), 居室(거실)

尸位素餐 시위소찬

'재덕(才德)이나 공적(功績) 없이 높은 자리에 앉아 녹만 받는다.'는 뜻으로, 자기 직책을 다하지 않음을 이르는 말.

尸

싹날 철(왼손 좌)

屮자는 왼손의 모양을 그렸으며, 세 개의 손가락으로 다섯 손가락 전체를 대신했다. 오른손을 그린 又(또 우)와 대칭된다. 도구를 뜻하는 工(장인 공)이 더해져 左(왼 좌)가 되었다. 艹(풀 초)자와 같은 글자로 보기도 하는데, 실제로도 싹이 올라오는 모습을 그린 屯(진칠 둔)자는 屮자가 부수로 지정되어 있기도 하다.

부수 모양 한자	屯(진칠 둔)
활용단어	屯田(둔전), 駐屯(주둔)

蜂屯 봉둔

'벌떼가 모여 있다.' 는 뜻으로, 벌떼처럼 무리 지어 모임을 이르는 말.

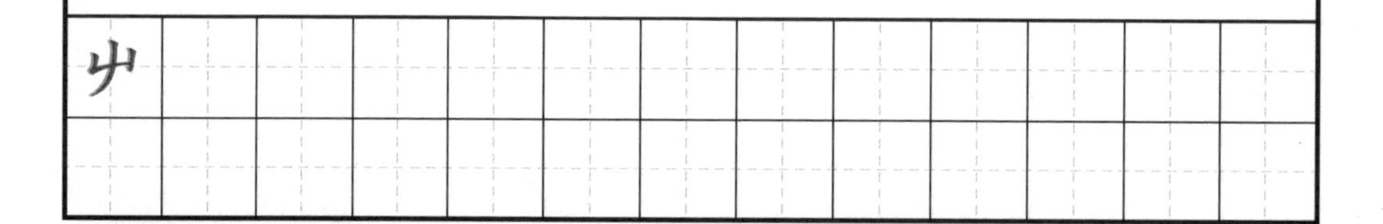

뫼 산(메 산)

山자는 산의 봉우리가 뾰족뾰족하게 이어지는 모양을 본뜬 글자로 '메' 나 '산', '무덤' 이라는 뜻을 가졌다. 山자가 부수로 쓰일 때는 '산의 이름' 이나 '산의 기세' 나 '높다' 와 같이 '산' 에서 연상되는 여러 의미로 활용된다.

부수 모양 한자	岳(큰산 악), 峙(언덕 치), 島(섬 도), 崩(무너질 붕), 崇(높을 숭), 崖(언덕 애)
활용단어	山岳(산악), 峙積(치적), 半島(반도), 崇高(숭고)

山戰水戰 산전수전

'산에서의 싸움과 물에서의 싸움' 이라는 뜻으로, 온갖 고난을 겪어 세상일에 경험이 많음을 이르는 말.

山

川

내 천(개미허리)(巛)

川자는 물이 굽이쳐 흐르는 모습을 본뜬 글자다. '물'을 뜻하는 水(물 수)자와 '하천'을 뜻하는 川자의 갑골문을 보면 물이 흐르는 하천이 그려져 있었다. 水자는 물의 성질이나 특성과 관련된 글자로 쓰이고 川자는 하천의 특징과 관련된 글자에 쓰인다는 것이 차이점이다. 川자가 부수로 쓰일 때는 '물길'이나 '따라 돌다'라는 뜻을 전달한다. 부수로 쓰일 때는 巛(개미허리)자로 바뀐다.

부수 모양 한자	州(고을 주), 巡(돌 순), 巢(새집 소)
활용단어	九州(구주), 巡察(순찰), 巢蜜(소밀)

川上之歎 천상지탄

만물(萬物)의 변화(變化)가 덧없음을 이르는 말.

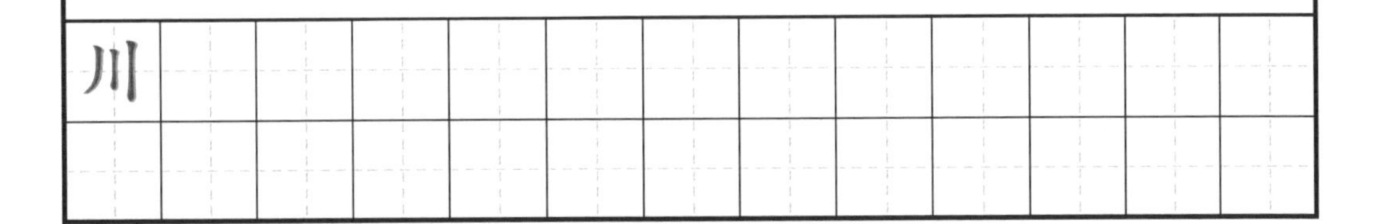

工

장인 공

工자는 '장인'이나 '일', '솜씨'라는 뜻을 가진 글자로 땅을 다질 때 사용하던 도구를 그린 한자이며, 도구를 잘 다룬다 하여 '장인'이라는 뜻을 갖게 되었다. 그래서 工자가 부수로 쓰이는 글자들은 대부분 작업이나 일과 관련된 뜻을 전달한다.

부수 모양 한자	巨(클 거), 巧(공교할 교), 左(왼 좌), 巫(무당 무), 差(다를 차)
활용단어	工巧(공교), 工程(공정), 巨人(거인), 左側(좌측)

工嚬姸笑 공빈연소

두 미인의 웃는 모습이 매우 곱고 아름다움을 말함.

工

己

몸 기

己자는 새끼줄이 구부러져 있는 모습을 본뜬 글자로 '몸' 이나 '자기' 라는 뜻을 가지고 있다. 부수로 지정되어 있지만, 상용한자에서는 뜻과 관련된 글자가 없다. 단독으로 쓰일 때는 '나 자신' 이라는 뜻을 가진다.

부수 모양 한자	巳(뱀 사), 已(이미 이), 巷(거리 항)
활용단어	巳時(사시), 已往(이왕), 巷間(항간)

修己治人 수기치인

내 몸을 닦아 남을 교화(敎化)함.

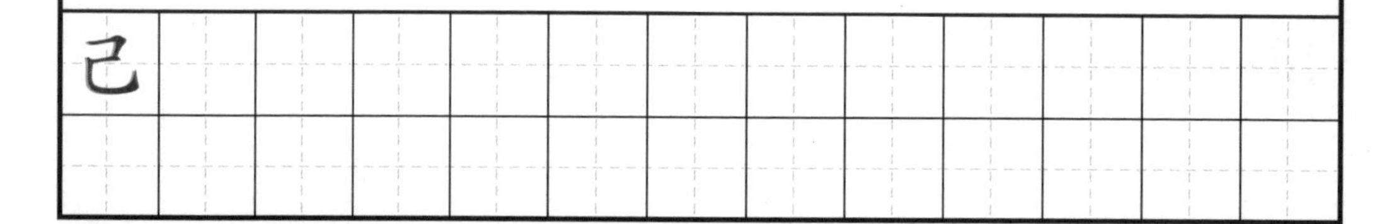

수건 건

巾자는 허리에 두르는 천을 그렸다고도 하고 깃발을 그린 글자라고도 한다. '수건' 이나 '헝겊', '두건' 이라는 뜻을 가진 글자다. 갑골문에는 긴 막대기에 천이 걸려 있는 듯한 모습으로 그려져 있어 부수로 쓰일 때는 '수건' 이나 '헝겊', '두건', '덮다' 라는 뜻을 전달한다. 일부 글자에서 모양자 역할만을 하기도 한다.

부수 모양 한자	市(저자 시), 布(베 포), 希(바랄 희), 帛(비단 백), 帝(임금 제), 師(스승 사)
활용단어	市場(시장), 布石(포석), 希望(희망), 帛絲(백사)

葛巾野服 갈건야복

은사(隱士)의 두건과 옷.

巾

干

방패 간

干자는 방패를 그린 것으로 '방패' 나 '막다' 라는 뜻을 가졌다. 갑골문에 나온 干자는 손에 드는 방패가 아니라 적이 성안으로 쉽게 들어오지 못하도록 입구를 봉쇄하던 방패를 그린 것으로 사슴뿔처럼 생겨 '녹각책(鹿角柵)' 이라고도 한다. 방패는 적의 진입을 방어하는 것이 목적이기 때문에 干자에는 '막다' 나 '방어하다' 라는 뜻이 있다.

부수 모양 한자	年(해 년), 平(평평할 평), 并(아우를 병), 幸(다행 행), 幹(줄기 간)
활용단어	年歲(연세), 平等(평등), 幸福(행복), 幹部(간부)

干城之材 간성지재

'방패와 성(城)의 구실을 하는 인재' 란 뜻으로, 나라를 지키는 믿음직한 인재를 이르는 말.

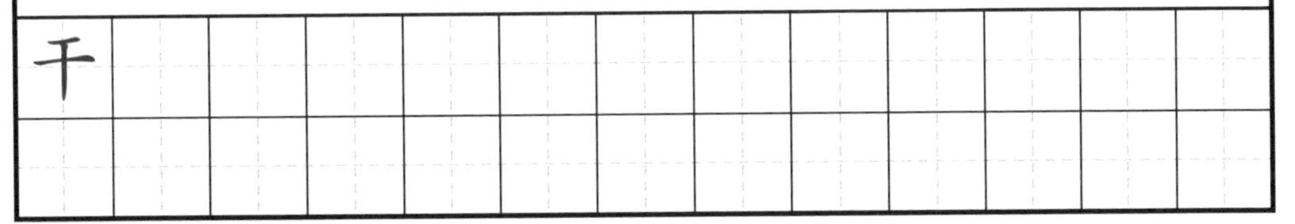

幺

작을 요

幺자는 누에고치에서 뽑은 실타래를 그린 것으로 '작다', '어리다' 라는 뜻을 가졌다. 실타래를 그린 글자로 糸(실 사)자도 있다. 糸자가 실타래를 세 번 꼬아 만든 '실' 이라는 뜻으로 쓰이지만 幺자는 이보다는 적게 꼬인 것이라 하여 '작다' 는 뜻으로 구분한다. 그래서 幺자가 다른 글자와 결합할 때는 '작다' 나 '어리다' 의 뜻을 전달하지만 일부 글자에서는 糸자와 같은 역할을 하기도 한다.

부수 모양 한자	幼(어릴 유), 幻(헛보일 환), 幽(그윽할 유), 幾(몇 기)
활용단어	幺船(요선), 幼年(유년), 幻想(환상), 幽谷(유곡), 幾回(기회)

幼者敬長 유자경장

어린이는 어른을 공경(恭敬)해야 함.

幺

广

집 엄

广자는 지붕의 모양을 담벼락과 함께 그린 것으로 '집'을 뜻하는 宀(집 면)자가 확대된 개념이다. 집 주위를 담벼락으로 둘러 규모가 상당히 큰 집으로 '큰 집'이나 '넓다', '크다'의 뜻을 갖게 되었다. '기슭'을 뜻하는 厂(기슭 엄)자와 발음과 모양이 비슷해 혼용되나 广자는 담벼락이 있는 큰 집을 그린 것으로 부수로 쓰일 때는 '큰 집'이나 '건축물'과 관련된 의미를 전달한다.

부수 모양 한자	床(평상 상), 序(차례 서), 府(마을 부), 底(밑 저), 店(가게 점), 度(법도 도)
활용단어	冊床(책상), 序曲(서곡), 店人(점인), 廳舍(청사)

同床異夢 동상이몽

'같은 침상에서 서로 다른 꿈을 꾼다.'는 뜻으로, 겉으로는 같이 행동하면서 속으로는 각기 딴생각을 함을 이르는 말.

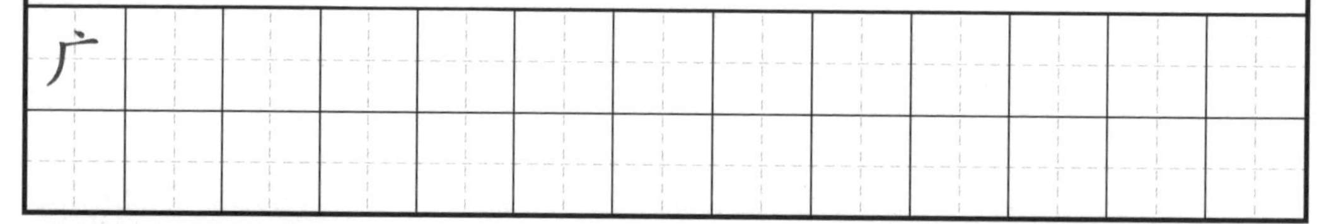

廴

길게 걸을 인

廴자는 사거리 일부만을 그린 彳(조금 걸을 척)자에서 파생된 글자다. '길'이나 '걷다'라는 뜻을 가진 彳자의 획을 길게 늘여 그린 것으로 '길게 걷다'라는 뜻이 있다. 실제 쓰임에서는 '걷다'라는 뜻만을 전달하는 경우가 많아 廴자가 쓰인 글자를 반드시 '길게 걷다'라는 뜻으로 해석할 필요는 없다.

부수 모양 한자	延(늘일 연), 廷(조정 정), 建(세울 건), 廻(돌 회)
활용단어	延期(연기), 退廷(퇴정), 建物(건물), 巡廻(순회)

延年益壽 연년익수

나이를 많이 먹고 오래오래 삶.

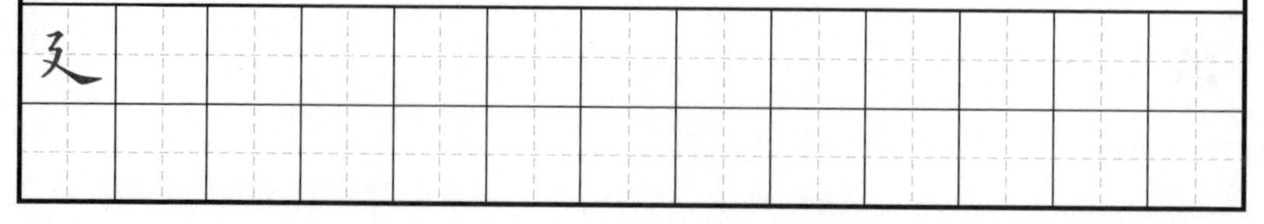

廾	廾자는 양손을 아래에서 위로 올리는 듯한 모습을 본뜬 것으로 '받들다' 나 '바치다' 라는 뜻을 담고 있다. 단독으로 쓰이기보다 다른 글자와 결합하여 '손' 이나 '손의 역할' 과 관련된 의미를 전달한다.
받들 공	
부수 모양 한자	弁(고깔 변/말씀 변), 弄(희롱할 롱(농)), 弊(폐단 폐), 奕(바둑 혁)
활용단어	弁韓(변한), 弄談(농담), 弊端(폐단), 奕棊(혁기)

弁轉疑星 변전의성

많은 사람들의 갓에서 번쩍이는 구슬이 별안간 의심할 정도라는 말.

廾

弋	弋자는 작은 가지에 지주를 받친 형태를 본뜬 글자다. '주살' 이라는 뜻을 가진 글자로, 화살촉에 구멍을 뚫어 줄을 매달아 놓은 것을 주살이라 한다. 주살은 활쏘기 연습을 할 때 활 회수를 쉽게 하거나 화살에 맞은 동물이 도망가지 못하게 하는 역할도 했다. 갑골문에 그려진 弋자는 줄을 묶어 놓던 말뚝을 그린 것으로 다른 글자와 결합할 때는 '이어지다' 라는 뜻을 전달한다.
주살 익	
부수 모양 한자	式(법 식), 弒(윗사람 죽일 시)
활용단어	弋利(익리), 方式(방식), 弒害(시해)

弋不射宿 익불사숙

'주살질은 해도 자는 새를 쏘지는 않는다.' 는 뜻으로, 무슨 일에나 정도를 넘지 않는 훌륭한 인물의 태도를 이르는 말.

弋

弓

활 궁

弓자는 '활'이나 '활 모양'을 본뜬 글자다. 화살을 쏘기 위해서는 활시위를 당겨야 하기 때문에 弓자가 부수로 쓰일 때는 '당기다', '베풀다'라는 뜻을 전달한다. 그러나 일부 글자에서는 활과는 관계없이 모양자만을 빌려 쓴 예도 있다.

부수 모양 한자	引(끌 인), 弔(조상할 조), 弗(아닐 불), 弘(클 홍), 弟(아우 제), 弱(약할 약)
활용단어	弓手(궁수), 引受(인수), 弔問(조문), 弘報(홍보)

弓的相適 궁적상적

'활과 과녁이 서로 맞았다.'는 뜻으로, 기회(機會)가 서로 들어맞는다는 말.

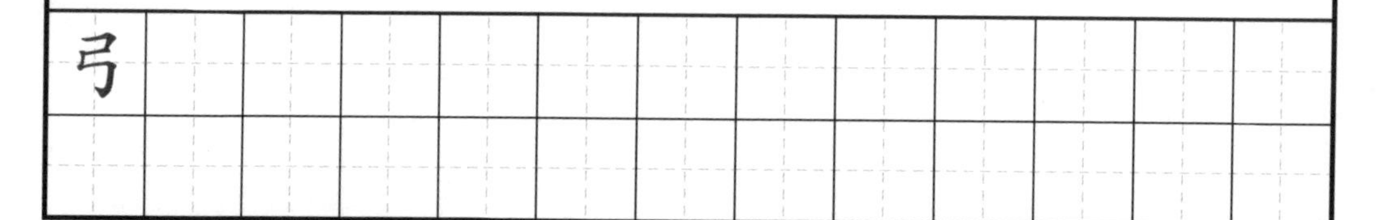

彐

돼지머리 계(彑, ⺕)

彐자는 '돼지머리'나 '고슴도치 머리'의 뾰족한 모양을 본뜬 글자로 彑나 ⺕로 쓰기도 한다. 彐자의 사전적 의미는 돼지나 고슴도치의 머리지만 동물의 머리와는 관계없다. 聿(붓 율)자나 彗(살별 혜)자처럼 彐자와 비슷한 모습으로 그려진 글자들이 있지만 이는 又(또 우)자가 변형된 것이다.

부수 모양 한자	彖(판단할 단), 彗(살별 혜), 彙(무리 휘)
활용단어	彖辭(단사), 彗星(혜성), 語彙(어휘)

語彙辭典 어휘사전

전문 용어에 대하여 정의(定義)하거나 설명(說明)한 사전(辭典).

彐												

彡

터럭 삼

彡자는 머리털이 보기 좋게 자란 모양을 본뜬 글자다. 터럭은 사람이나 짐승의 몸에 난 긴 털을 뜻한다. 설문해자에서는 彡을 '터럭', '장식', '무늬'로 나타낸다. 인간이나 동물의 터럭, 머리카락과 수염 등이 개인의 특성을 표현한다는 뜻에서 '장식'의 의미가 생겼고, '무늬'라는 뜻까지 생겨 彡이 들어가면 무성한 털이나 빛나는 문체, 힘차게 뻗어나가는 악기 소리 등을 뜻한다.

부수 모양 한자	形(모양 형), 彦(선비 언), 彬(빛날 빈), 彫(새길 조), 彩(채색 채), 彪(범 표)
활용단어	形態(형태), 彦士(언사), 彫刻(조각), 彩色(채색)

形形色色 형형색색

모양(模樣)이나 종류(種類)가 다른 가지각색의 것.

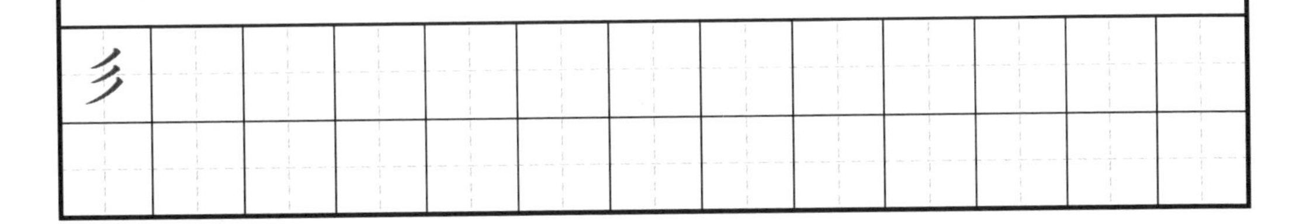

조금 걸을 척

彳자는 사람의 다리 모양을 본뜬 글자로 청동기 시대에 만들어진 금문에는 '사거리'를 뜻하는 行(다닐 행)자의 한쪽 부분만을 그린 것으로 나와 있다. 사면으로 통행하는 사거리 일부만을 그린 것이기 때문에 일부만 다닐 수 있다는 의미에서 '조금 걷다'라는 뜻을 갖게 되었다. 실제로는 行자처럼 '움직이다', '길', '가는' 행위와 관련되어 있다.

부수 모양 한자	役(부릴 역), 往(갈 왕), 征(칠 정), 待(기다릴 대), 律(법칙 률), 徑(지름길 경)
활용단어	役割(역할), 往復(왕복), 征服(정복), 待避(대피)

一人二役 일인이역

한 사람이 두 가지 역할을 맡음.

彳

마음 심(忄, 㣺)

心자는 사람이나 동물의 심장을 그린 것으로 '마음'이나 '생각', '심장', '중앙'이라는 뜻을 가졌다. 심장은 신체의 중앙에 있어 '중심'이라는 뜻도 가지고 있다. 옛사람들은 감정과 관련된 기능은 머리가 아닌 심장이 하는 것이라 여겼다. 그래서 心자가 다른 글자와 결합할 때는 마음이나 감정과 관련된 뜻을 전달한다. 부수로 쓰일 때는 위치에 따라 忄자나 㣺자로 바뀐다.

부수 모양 한자	必(반드시 필), 忠(충성 충), 快(쾌할 쾌), 恬(살 활), 忍(참을 인), 志(뜻 지)
활용단어	必勝(필승), 忠志(충지), 快活(쾌활), 想念(상념), 悔心(회심)

心機一轉 심기일전

어떠한 동기에 의하여 이제까지의 먹었던 마음을 바꿈.

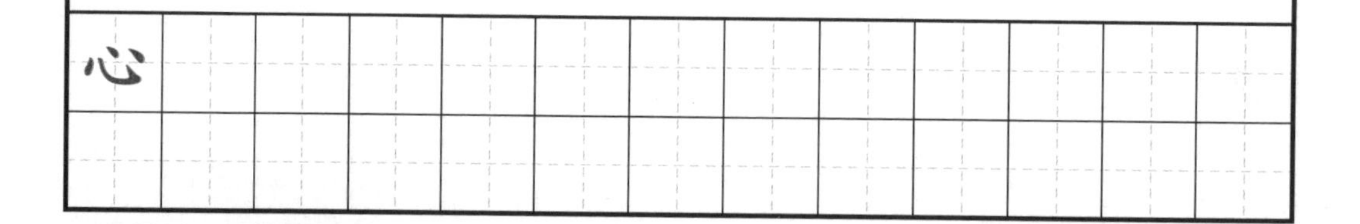

창 과

戈자는 고대에 사용하던 창을 그린 것으로 '창'이나 '전쟁', '싸움'이라는 뜻을 가진 글자다. 전쟁 무기와 관련된 한자이기 때문에 다른 글자와 결합할 때는 창과 관련된 의미를 전달한다. 주의해야 할 것은 戊(창 모)자나 戌(개 술)자, 戉(도끼 월)자 모두 창의 종류를 그린 것이지만 弋(주살 익)자는 모양이 비슷하더라도 뜻이 다르니 주의가 필요하다.

부수 모양 한자	戍(수자리 수), 戎(병장기 융), 戒(경계할 계), 成(이룰 성), 我(나 아), 或(혹 혹)
활용단어	戍樓(수루), 戒律(계율), 我軍(아군), 成就(성취)

枕戈待旦 침과대단

'창을 베고 자면서 아침을 기다린다.'는 뜻으로, 항상 전투태세를 갖추고 있는 군인의 자세(姿勢)를 비유하는 말.

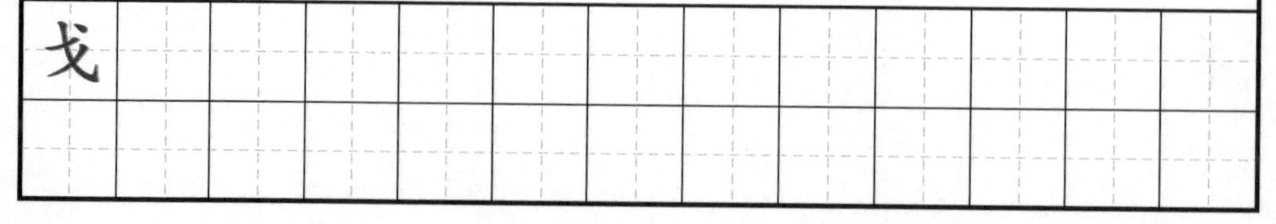

지게 호

戶자는 밀어서 여는 문의 모양을 본뜬 글자로 '지게' 나 '출입구' 를 뜻한다. 갑골문에는 작은 방으로 들어가는 외닫이 문이 그려져 있어 대문(門)과 구별된다. 戶자에서 말하는 '지게' 란 짐을 옮기는 도구보다는 '외짝 문' 으로 이해해야 한다. 戶자가 부수로 쓰일 때는 '출입구' 나 '집', 집에 거주하는 '사람' 을 나타내고 肩(어깨 견)자처럼 글자 모양만 빌려 쓰는 예도 있다.

부수 모양 한자	戾(어그러질 려(여)), 房(방 방), 所(바 소), 扁(납작할 편), 扇(부채 선)
활용단어	返戾(반려), 房門(방문), 扁平(편평), 扇風機(선풍기)

户別訪問 호별방문

집집마다 찾아다님.

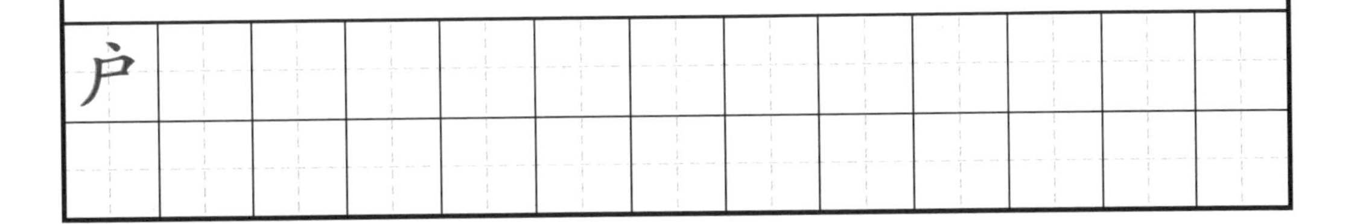

손 수(才)

手(才)자는 사람의 손을 그린 것으로 '손', '재주', '수단', '방법' 의 뜻을 가진 글자다. 본래 '손' 을 뜻하는 글자로 又(또 우)자가 있었지만, 후에 뜻이 바뀌면서 手자가 '손' 과 관련된 뜻으로 쓰이게 되었다. 손의 기능이나 역할과 관련된 의미를 전달하지만 재주나 솜씨, 수단 등과 같이 손과 관련된 기술을 표현하기도 하고, 운전수나 가수와 같은 전문가들을 뜻하기도 한다.

부수 모양 한자	打(칠 타), 托(맡길 탁), 技(재주 기), 抑(누를 억), 投(던질 투), 承(이을 승)
활용단어	手術(수술), 打倒(타도), 托子(탁자), 技法(기법), 承認(승인)

手足之愛 수족지애

형제 간의 우애(友愛).

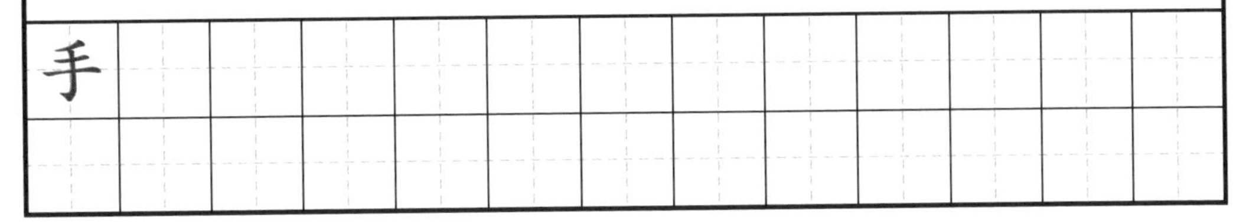

支

지탱할 지

支자는 又(또 우)자와 十(열 십)자가 결합한 글자로 十자는 숫자와는 관계없이 나뭇가지를 표현한 것이다. 그래서 손으로 대나무를 쥐고 있는 모습으로 알려져 있다. 본래 '나뭇가지'를 위해 만든 글자였으나 후에 木(나무 목)자가 더해진 枝(가지 지)자가 '가지'라는 뜻으로 파생되어 支자는 '지탱하다'나 '버티다'라는 뜻으로 쓰이고 있다.

부수 모양 한자	支(지탱할 지)
활용단어	支給(지급), 支配(지배), 支持(지지), 支援(지원), 支出(지출)

支離滅裂 지리멸렬

이리저리 흩어져 갈피를 잡을 수 없음.

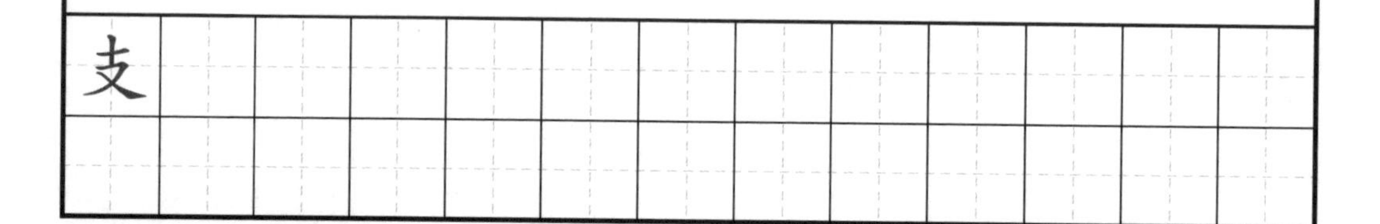

攴

등글월 문(칠 복)(攵)

攴자는 막대기를 손에 쥔 모습을 그린 것으로 '치다'나 '때리다'라는 뜻을 가졌다. '지탱하다'라는 뜻을 가진 支(지탱할 지)자와 비슷한데 支자도 나뭇가지를 붙잡고 있는 모습을 그렸다. 攴자가 부수로 쓰일 때는 攵자로 변형되어 '지탱하다'라는 뜻을 가진 支자와는 구별된다.

부수 모양 한자	改(고칠 개), 收(거둘 수), 攻(칠 공), 放(놓을 방), 政(정사 정), 敎(가르칠 교)
활용단어	收拾(수습), 改善(개선), 攻守(공수), 放學(방학)

改過遷善 개과천선

지난날의 잘못을 고치어 착하게 됨.

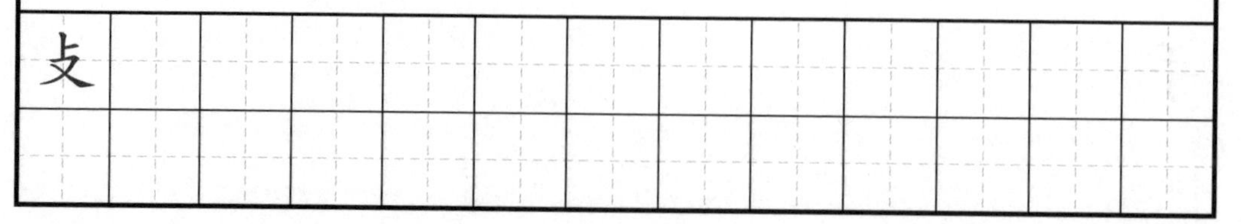

글월 문

文자는 가슴에 문신을 하고 양팔을 크게 벌린 사람을 그린 것으로 '글'이나 '문장'이라는 뜻을 가진 글자다. 본래 의미는 '몸에 새기다'였으나 시간이 지나면서 '문서'나 '서적'과 관계된 뜻으로 쓰이게 되었다. 文자가 글자나 서적 관련 뜻으로 쓰이게 되면서 紋(무늬 문)자가 '무늬'라는 뜻을 대신하고 있다. 부수로 지정되어 있으나 상용한자에서는 관련 글자가 없다.

부수 모양 한자	文(글월 문)
활용단어	文明(문명), 文化(문화), 文字(문자), 文章(문장), 文學(문학)

文房四友 문방사우

서재에 꼭 있어야 할 네 벗. 즉 종이, 붓, 벼루, 먹을 말함.

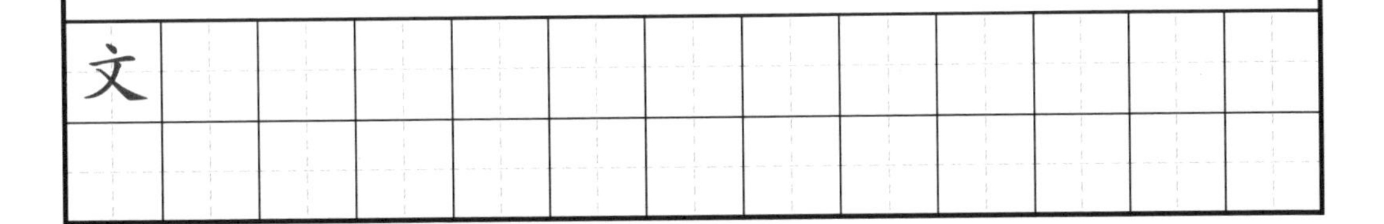

斗

말 두

斗자는 물건의 양을 재는 자루가 달린 국자의 모양을 본뜬 글자로 '말'이나 '구기'라는 뜻을 가진 글자다. 斗자가 부수로 쓰일 때는 '(양을)재다'나 '용량'과 같이 국자의 용도와 관련된 의미를 전달한다.

부수 모양 한자	料(헤아릴 료), 斜(비낄 사), 斟(짐작할 짐), 斛(휘 곡), 斡(돌 알/주장할 간)
활용단어	料理(요리), 斜線(사선), 斟酌(짐작), 斡旋(알선)

斗米官遊 두미관유

얼마 안 되는 급료를 받기 위하여 관리가 되어 고향을 멀리 떠나 근무함.

斗

斤

근 근/도끼 근

斤자는 도끼를 그린 것으로 '도끼' 나 '근(무게 단위)' 이라는 뜻을 가진 글자다. 갑골문에는 끝이 꺾여 있는 도구로 그려져 있다. 이는 나무를 깎거나 다듬는데 사용하던 '자귀' 를 그린 것이나 단순히 '도끼' 라는 뜻으로 쓰인다. 도끼는 사물을 자르거나 베는 역할을 하므로 斤자가 다른 글자와 결합할 때는 주로 '자르다' 나 '베다' 라는 뜻을 전달하고 있다.

부수 모양 한자	斥(물리칠 척), 斧(도끼 부), 斫(벨 작), 斬(벨 참), 新(새 신), 斷(끊을 단)
활용단어	斥和(척화), 斧藻(부조), 長斫(장작), 新規(신규)

千斤萬斤 천근만근

'무게가 천 근이나 만 근이 된다.' 는 뜻으로, '아주 무거움' 을 나타냄.

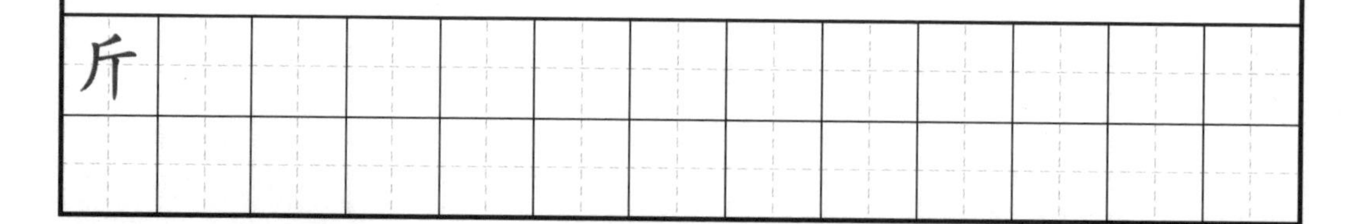

方

모 방

方자는 소가 끄는 쟁기를 그린 것으로 '네모' 나 '방위', '방향', '두루' 라는 뜻을 가진 글자다. 소가 밭을 갈 때 일정한 방향으로 나아가기 때문에 '방향' 이라는 뜻과 밭이 사각형이었기 때문에 '네모' 라는 뜻도 파생되었다. 부수로 쓰일 때는 우측 변에 위치한다. 좌측 변에 方자가 있다면 이것은 '깃발' 을 그린 㫃(나부낄 언)자가 생략된 것이다.

부수 모양 한자	於(어조사 어), 施(베풀 시), 旅(나그네 려), 旁(곁 방), 旋(돌 선), 族(겨레 족)
활용단어	旅行(여행), 旋律(선율), 國旗(국기), 民族(민족)

四方八方 사방팔방

모든 방면(方面). 여러 방면.

方

无

없을 무

無(무)의 고자(古字)이며 毋(무) 통자로 음이 無(무)와 통하므로 없음의 뜻으로 쓰인다. 無(없을 무)자는 손에 장식물을 들고 춤추는 모습을 그린 것으로 '춤추다' 의 뜻이 나왔고, '없다' 라는 뜻으로 가차되면서 후에 舛(어그러질 천)자를 더한 舞자가 '춤추다' 뜻을 대신하고 있다. 無를 줄여 쓴 약자가 无인데 의미나 독음상 차이가 없다. 현대 중국에서는 無의 간체자로 사용하고 있다.

부수 모양 한자	旣(이미 기), 舞(춤출 무)
활용단어	无妄(무망), 无後(무후), 旣往(기왕), 舞臺(무대), 舞踊(무용)

旣往之事 기왕지사

이미 지나간 일.

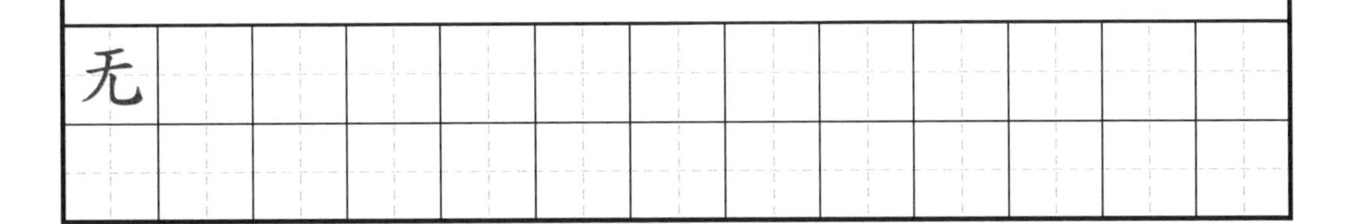

日

날 일

日자는 해를 본뜬 글자로 '날' 이나 '해', '낮' 이라는 뜻이 있다. 태양은 시간에 따라 일출과 일몰을 반복했기 때문에 日자가 부수로 쓰일 때는 '시간' 이나 '날짜' 또는 '밝기' 나 '날씨' 와 같은 뜻을 전달한다.

부수 모양 한자	旦(아침 단), 旬(열흘 순), 早(이를 조), 旨(뜻 지), 旱(가물 한), 明(밝을 명)
활용단어	元旦(원단), 中旬(중순), 早急(조급), 交易(교역)

日就月將 일취월장

'날마다 달마다 성장하고 발전한다.' 는 뜻으로, 학업이 날이 가고 달이 갈수록 진보함을 말함.

日

가로 왈

日자는 口(입 구)자 위에 획을 하나 더 그은 것으로 '가로되'나 '말하기를', '일컫다'라는 뜻으로 쓰인다. 주로 '~日(~께서 말씀하시다)'와 같이 고전이나 고문서에서 한문투로 사용되고 있어 고어 어감을 가진 글자다. 부수로 지정되어 있기는 하지만 단순히 '말'과 관련되거나 아무 의미 없이 모양자로 쓰이는 경우가 많다.

부수 모양 한자	曲(굽을 곡), 曳(끌 예), 更(고칠 경/다시 갱), 書(글 서), 曼(길게 끌 만)
활용단어	曲名(곡명), 曳引(예인), 更新(경신), 更新(갱신)

曰可曰否 왈가왈부

좋으니 나쁘니 하고 떠들어댐.

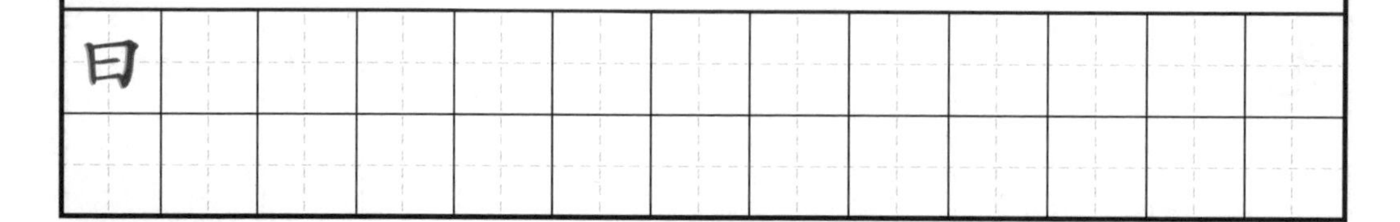

月

달 월

月자는 초승달의 모습을 본뜬 글자다. 日자가 '시간' '태양의 작용'에서 연상되는 글자를 만드는 반면 月자는 달이 차오르고 지는 주기성과 관계된 의미를 전달한다. 주의할 점은 月자가 부수로 쓰였다고 해서 '달'로 해석하면 안 된다. 肉(고기 육)자의 변형자가 月자로 쓰이기 때문이다. 月자의 위치가 朔자와 같이 우측 변에 있으면 '달'과 관련 있고 그렇지 않으면 肉자의 변형자에 해당한다.

부수 모양 한자	有(있을 유), 服(옷 복), 朋(벗 붕), 朔(초하루 삭), 朗(밝을 랑), 望(바랄 망)
활용단어	共有(공유), 朝服(조복), 朋友(붕우)

月態花容 월태화용

'달 같은 태도(態度)와 꽃 같은 얼굴'의 뜻으로, 미인을 말함.

月

나무 목

木자는 나무가 땅에 뿌리를 박고 가지를 뻗어나가는 모습을 본뜬 글자다. 나무를 그린 한자이기 때문에 부수로 쓰일 때는 대부분 나무의 종류나 상태에 관련된 뜻을 전달한다. 중 · 고교용 상용한자에 木자가 부수로 쓰인 글자가 많다.

부수 모양 한자	末(끝 말), 未(아닐 미), 本(근본 본), 札(편지 찰), 机(책상 궤), 朴(성씨 박)
활용단어	末端(말단), 未熟(미숙), 材木(재목)

木石肝腸 목석간장

나무나 돌처럼 '아무런 감정(感情)도 없는 마음씨' 의 비유.

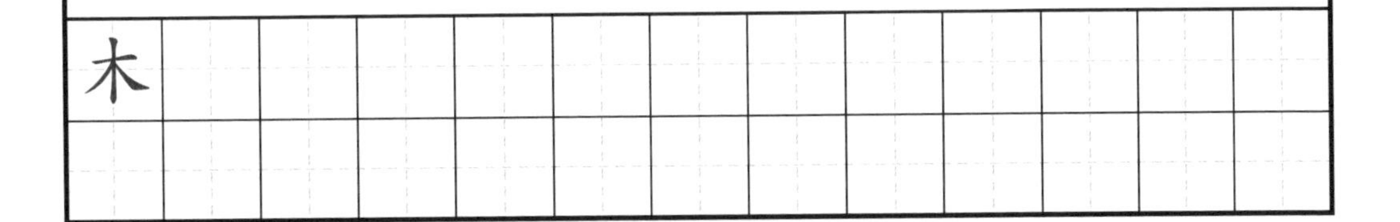

欠

하품 흠

欠자는 사람이 하품하는 모양을 본뜬 것으로 '하품' 이나 '빚', '부족하다' 는 뜻을 가진 글자다. 하품은 몸 안에 산소가 부족해서 생기는 자연스러운 신체 반응이기 때문에 '하품' 을 뜻했던 欠자는 후에 '부족하다' 라는 뜻을 갖게 되었고 여기에 더해 돈이 부족하다는 의미에서 '빚' 까지 뜻하게 되었다. 부수로 쓰일 때는 단순히 입을 크게 벌리고 있는 모습으로 응용될 때가 많다.

부수 모양 한자	欣(기쁠 흔), 次(버금 차), 欲(하고자 할 욕), 款(항목 관), 欺(속일 기), 歇(쉴 헐)
활용단어	欣快(흔쾌), 次官(차관), 欺瞞(기만), 歌曲(가곡)

欣欣樂樂 흔흔낙락

매우 기뻐하며 즐거워함.

欠

止

그칠 지

止자는 발(복사뼈 이하)의 모습을 그린 것으로 '그치다' 나 '멈추다' 라는 뜻을 가진 글자다. 다른 글자와 결합할 때는 '가다' 나 '이동하다' 처럼 사람의 움직임과 관련된 뜻을 전달하기 때문에 단독으로 쓰일 때와 다른 글자와 결합할 때는 뜻이 달라진다는 점에 유의해야 한다.

부수 모양 한자	正(바를 정), 此(이 차), 步(걸음 보), 武(호반 무), 歪(기울 왜), 歲(해 세)
활용단어	步武(보무), 觀止(관지), 歪曲(왜곡), 歲月(세월)

止足之戒 지족지계

제 분수를 알아 만족(滿足)할 줄 아는 경계(警戒).

歹

살 바른 뼈 알(죽을사변)

歹자는 죽은 사람의 뼈가 조각나 있거나 비어 있는 모습을 본뜬 글자로 '뼈' 라는 뜻을 가진 글자다. 갑골문에는 뼈의 일부만 그려져 있는데 이미 죽어 뼈가 분리되었음을 표현한 것이다. 이미 죽은 사람이라는 의미에서 '죽음' 과 관련된 의미를 전달한다. 다른 글자와 결합할 때는 歺(부서진 뼈 알)자로 표기될 때가 있는데 모양만 다를 뿐 뜻은 같다.

부수 모양 한자	死(죽을 사), 歿(죽을 몰), 殃(재앙 앙), 殄(다할 진), 殆(거의 태), 殊(다를 수)
활용단어	全歿(전몰), 殞命(운명), 殲滅(섬멸), 殆半(태반)

死後功名 사후공명

죽은 뒤에 내리는 벼슬이나 시호(諡號).

歹

殳

몽둥이 수(갖은등글월문)

殳자는 손에 작은 몽둥이를 들고 있는 모습을 그린 것으로 '몽둥이' 나 '창' 이라는 뜻을 가진 글자다. 부수로 쓰일 때는 '치다' 나 '때리다' 라는 뜻을 전달하기 때문에 쓰임으로만 본다면 攴(칠 복)자와 큰 차이가 없다. 하지만 殳자가 쓰였다 해도 무조건 '치다' 라는 뜻을 전달하는 것은 아니다. 穀(곡식 곡)자나 股(넓적다리 고) 자처럼 모양자만을 빌려 쓴 것도 있다.

부수 모양 한자	殷(성할 은), 段(층계 단), 殺(죽일 살), 殼(껍질 각), 殿(전각 전), 毁(헐 훼)
활용단어	段階(단계), 殺菌(살균), 殿堂(전당), 毆打(구타)

殷鑑不遠 은감불원

'은나라 왕이 거울삼을 만한 것은 먼 데 있지 않다.' 는 뜻으로, 본받을 만한 좋은 전례는 가까운 곳에 있다는 말.

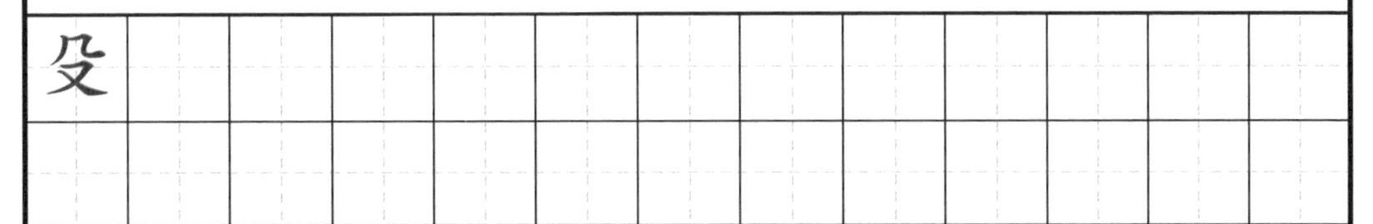

毋

말 무

毋자는 '어머니' 를 뜻하는 母자에서 파생된 글자로 '말다' 나 '없다', '아니다' 와 같이 무언가를 금지하거나 부정하는 뜻으로 쓰이는 글자다. 금문에는 母자의 가슴 부위에 획이 그려져 있는데 이는 '금지하다' 라는 뜻을 표현한 것이다.

부수 모양 한자	母(어머니 모), 每(매양 매), 毒(독 독), 毓(기를 육)
활용단어	母子(모자), 每日(매일), 毒感(독감), 毓秀(육수)

毋望之人 무망지인

곤경에 처했을 때 청하지 않아도 구원해 주는 사람.

毋

比

견줄 비

比자는 두 사람이 우측을 향해 나란히 서 있는 모습을 그린 것으로 '비교하다' 라는 뜻을 가진 글자다. 본래는 '친하다' 나 '친숙하다' 라는 뜻을 위해 만든 글자였으나 지금은 두 사람을 비교한다는 의미에서 '견주다' 나 '비교하다' 라는 뜻으로 쓰이고 있다. 匕(비수 비)자를 겹쳐놓은 한자이기 때문에 匕자가 부수자인 것처럼 보이지만 단독 부수다.

부수 모양 한자	毗(도울 비), 毖(삼갈 비), 昆(도울 비)
활용단어	比較(비교), 比率(비율), 毘盧峯(비로봉)

比以不周 비이부주

소인(小人)은 사사로움에 치우치므로 특이한 사람만 친할 뿐 널리 사귀지 못함.

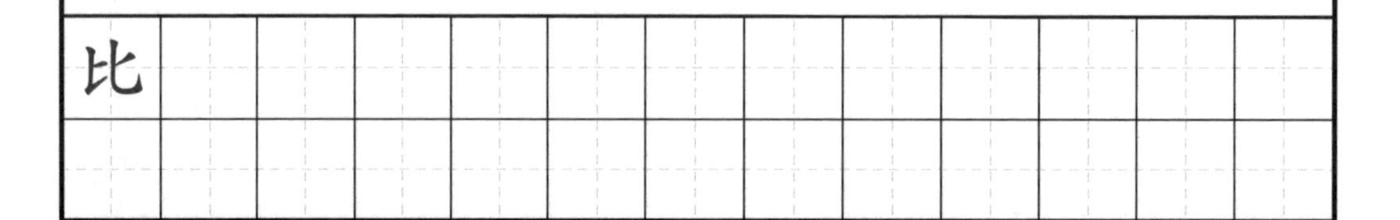

터럭 모

毛자는 사람의 눈썹이나 머리털, 새의 깃털을 본뜬 글자로 '털'을 뜻한다. 새나 사람, 짐승의 털을 포괄하는 뜻으로 쓰일 뿐 아니라 털처럼 보이는 것까지 사용하고 있어 범위가 매우 넓다. 상용한자에서는 毛자가 부수로 지정된 글자는 1자밖에 없지만, 부수 이외에 글자에서는 모두 '털' 과 관련된 뜻을 전달하고 있다.

부수 모양 한자	毫(터럭 호), 毬(공 구), 氈(모전 전)
활용단어	毛髮(모발), 脫毛(탈모), 毛皮(모피), 毫毛(호모), 氈笠(전립)

毛骨悚然 모골송연

아주 끔찍한 일을 당하거나 볼 때 두려워 몸이나 털이 곤두선다는 말.

毛

각시 씨

氏자는 산기슭에 떨어질 듯이 내민 언덕 모양을 본뜬 것으로 '성씨' 와 관련된 글자다. 갑골문에는 사람 손에 무언가를 들고 있는 것처럼 보이기도 하고 또는 땅속에 있는 뿌리 열매를 그린 것처럼 보이기도 해서 종족을 상징하는 지휘봉을 그린 것으로 해석하기도 한다. 氏자의 뜻이 제각각인 것은 결합하는 글자들이 다양한 의미로 해석되기 때문이다.

부수 모양 한자	民(백성 민), 氓(백성 맹)
활용단어	氏族(씨족), 姓氏(성씨), 民族(민족)

倉氏庫氏 창씨고씨

창씨(倉氏)와 고씨(庫氏)라는 뜻으로, 어떤 사물이 오래도록 변하지 않음을 이르는 말.

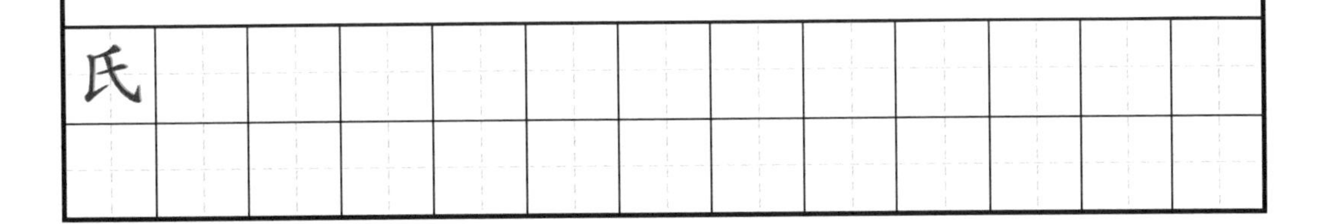

气

기운 기

气자는 구름이 흘러가는 모습을 그린 것으로 '기운' 이나 '기세' 라는 뜻을 가진 글자다. 갑골문에서는 획을 세 번 긋는 것으로 하늘의 '기운' 을 표현했으나 금문에서는 숫자 三(석 삼)자와 혼동을 피하고자 위아래 획을 조금씩 꺾어 그리는 방식이 지금의 气자가 되었다. 눈에 보이지 않는 '기운' 을 표현한 것이기 때문에 부수로 쓰일 때는 '기' 나 '기운' 과 관계된 의미를 전달한다.

부수 모양 한자	氣(기운 기)
활용단어	氣分(기분), 氣運(기운), 氣像(기상), 氣溫(기온)

氣高萬丈 기고만장

'기운이 만장이나 뻗치었다.' 는 뜻으로, 펄펄 뛸 만큼 크게 성이 남.

气

물 수(氵, 氺)

水자는 시냇물이 흐르는 모양을 본뜬 것으로 '물'이나 '강물', '액체'라는 뜻을 가진 글자다. 부수로 쓰일 때는 대부분 '액체'나 '헤엄치다', '범람하다'와 같이 물과 관련된 의미를 전달하고 모양이 氵자나 氺자로 바뀐다.

부수 모양 한자	氷(얼음 빙), 汁(즙 즙), 求(구할 구), 江(강 강), 汝(너 여), 汚(더러울 오)
활용단어	水泳(수영), 搾汁(착즙), 園池(원지)

水魚之交 수어지교

'물과 물고기의 사귐'이란 뜻으로, 임금과 신하 또는 부부처럼 매우 친밀한 관계를 이르는 말. 서로 떨어질 수 없는 친한 사이를 일컫는 말.

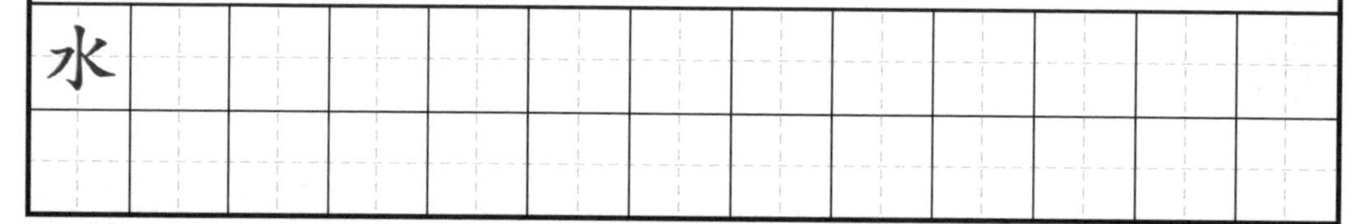

火

불 화

火자는 불길이 솟아오르는 모습을 그린 것으로 '불'이라는 뜻을 가진 글자다. 다른 글자와 결합할 때는 '열'이나 '불의 성질'과 관련된 뜻을 전달한다. 부수로 쓰일 때는 위치에 따라 모양이 달라지며 아랫부분에는 네 개의 점(灬)으로 표현된다. 灬자가 반드시 '불'과 관련된 뜻을 나타내는 것은 아니며, 爲(할 위)자와 烏(까마귀 오)자처럼 사물 일부를 灬자로 표현할 때가 있다.

부수 모양 한자	灰(재 회), 灼(불사를 작), 災(재앙 재), 炎(불꽃 염), 炭(숯 탄), 炯(빛날 형)
활용단어	火焰(화염), 灼熱(작열), 熟練(숙련)

火光衝天 화광충천

불빛이 하늘이라도 찌를 듯이 그 형세가 맹렬함.

火

손톱 조(爫)

爪자는 손바닥을 아래로 하여 물건을 집어 올리는 모습을 본뜬 글자로 '손톱' 이나 '갈퀴' 의 뜻을 가졌다. 다른 글자와 결합할 때는 단순히 '손' 이라는 뜻만을 전달하는 경우가 많다. 그래서 爪자가 단독으로 쓰일 때와 다른 글자와 결합할 때는 쓰임이 다르다. 부수 역할을 할 때는 爫자로 바뀐다.

부수 모양 한자	爭(다툴 쟁), 爰(이에 원), 爲(할 위), 爵(벼슬 작)
활용단어	爭取(쟁취), 爰辭(원사), 行爲(행위), 爵位(작위)

爪牙之士 조아지사

'발톱이나 어금니 같은 선비' 라는 뜻으로, 짐승에게 발톱과 어금니가 적으로부터 몸을 보호할 때 아주 긴요하듯 국가를 다스리는 데 꼭 필요하고 중요한 신하를 이르는 말.

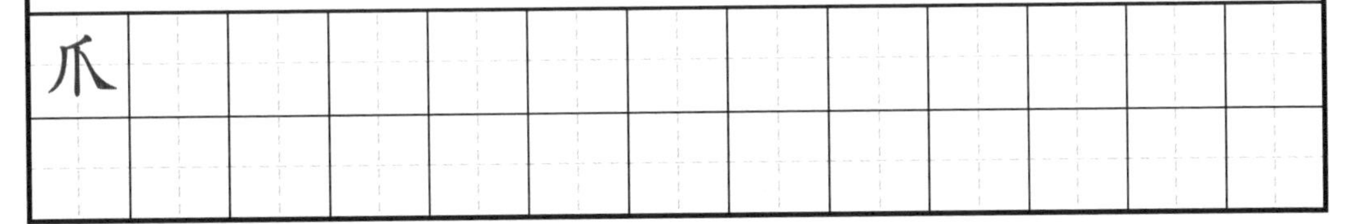

父

아버지 부

父자는 又(또 우)와 丨(뚫을 곤)을 합한 것으로 '아버지' 나 '어른' 이라는 뜻을 가진 글자다. 갑골문에서는 손에 무언가를 들고 있는 모습을 그려 무리 내에서 권력을 가지고 있던 사람을 뜻했다. 그래서 본래 공동체의 '어른' 을 나타냈지만, 후에 집안의 어른인 '아버지' 를 뜻하게 되었다. 부수로만 지정되어 있고 상용한자에서는 관련 글자가 없다.

부수 모양 한자	爺(아버지 야)
활용단어	老爺(노야), 阿爺(아야), 蘇爺(소야)

父子有親 부자유친

오륜(五倫)의 하나. 아버지와 아들 사이의 도는 친애(親愛)에 있음.

父

사귈 효(점괘효)

爻자는 좌우로 획을 엇갈리게 그은 것으로 '가로 긋다' 나 '사귀다', '본받다' 라는 뜻을 가진 글자다. 한자에서 爻자가 쓰이는 경우는 두 가지로 나뉜다. 하나는 '배우다' 로 공부나 학습과 관계된 글자에 쓰였고, 다른 하나는 希(바랄 희)자나 肴(안주 효)자처럼 단순히 모양을 표현하는 경우다. 따라서 爻자가 들어간 글자들은 두 가지 의미를 염두에 두고 해석해야 한다.

부수 모양 한자	爽(시원할 상), 爾(너 이)
활용단어	爽實(상실), 爽快(상쾌), 莞爾(완이), 率爾(솔이)

出爾反爾 출이반이

자신에게서 나온 것은 자신에게로 돌아감.

爻

爿

나뭇조각 장

爿자는 나무의 왼쪽 가지, 또는 침상을 세워 옆에서 본 모양을 본뜬 것으로 '나뭇조각' 이나 '널조각' 이라는 뜻을 가진 글자다. 모양으로는 片(조각 편)자를 반대로 그린 것과 같아서 '나뭇조각' 이라는 뜻을 갖지만 실제로는 '크다' 나 '평상(平床)' 의 뜻으로 쓰인다. 나무의 한쪽 면을 그렸지만 오른쪽을 그린 片자는 '(작은)조각', 왼쪽을 그린 爿자는 '(큰)조각' 이나 '평상' 으로 구분하고 있다.

부수 모양 한자	牀(평상 상), 牆(담 장)
활용단어	牀石(상석), 棧牀(잔상), 越牆(월장)

牀上安牀 상상안상

'마루 위에 마루를 놓는다.' 는 뜻으로, 하지 않아도 될 일을 하거나 필요 이상으로 쓸데없는 일을 함.

爿

片

조각 편

片자는 나무의 오른쪽 면을 그린 것으로 '조각'이나 '한쪽', '쪼개다'라는 뜻을 가진 글자다. 나무를 잘라 재단한 것으로 해석해서 부수로 쓰일 때는 가공된 나무나 작게 조각이 난 물건이라는 뜻을 전달한다. 片자와 반대로 그려진 爿(나뭇조각 장)자는 같은 모습이지만 片자와는 달리 '크다'라는 뜻으로 쓰인다. 모양은 비슷해도 쓰임이나 뜻이 다르다.

부수 모양 한자	版(판목 판), 牌(패 패), 牒(편지 첩), 牘(서찰 독)
활용단어	版圖(판도), 名牌(명패), 牒報(첩보), 簡牘(간독)

片言隻句 편언척구

몇 마디 안 되는 짧은 말.

片

牙

어금니 아

牙자는 윗니와 아랫니를 함께 그린 것으로 '어금니'라는 뜻을 가졌다. 단독으로 쓰일 때만 '이빨'과 관련된 뜻을 전달하고 다른 글자와 결합할 때는 발음역할만 하는 경우가 많다.

부수 모양 한자	撐(버틸 탱)
활용단어	牙箏(아쟁), 牙城(아성), 齒牙(치아), 象牙(상아)

伯牙絶絃 백아절현

'백아가 거문고 줄을 끊어 버렸다.'는 뜻으로, 자기를 알아주는 아주 친한 벗, 즉 지기지우(知己之友)의 죽음을 슬퍼함을 이르는 말.

牙

牛	牛자는 뿔이 나 있는 소의 머리 모양을 본뜬 글자로 '소'를 뜻한다. 농경 생활을 하는 민족에게 소는 밭을 갈거나 물건을 옮길 수 있도록 도움을 주었기 때문에 매우 중요한 동물이었을 뿐만 아니라 신에게 바치는 제물이 되기도 했기 때문에 牛자가 부수로 쓰일 때는 '제물(祭物)'이나 '농사일'과 관련된 뜻을 전달한다. '절반'을 뜻하는 半(반 반)자와의 비슷하니 주의해야 한다.
소 우	
부수 모양 한자	牝(암컷 빈), 牢(우리 뢰), 牡(수컷 모), 牧(칠 목), 物(물건 물), 牲(희생 생)
활용단어	特別(특별), 牢獄(뇌옥), 牡瓦(모와), 牟曲(모곡)

牛耳讀經 우이독경

'쇠귀에 경 읽기'란 뜻으로, 우둔한 사람은 아무리 가르치고 일러주어도 알아듣지 못함을 비유하여 이르는 말.

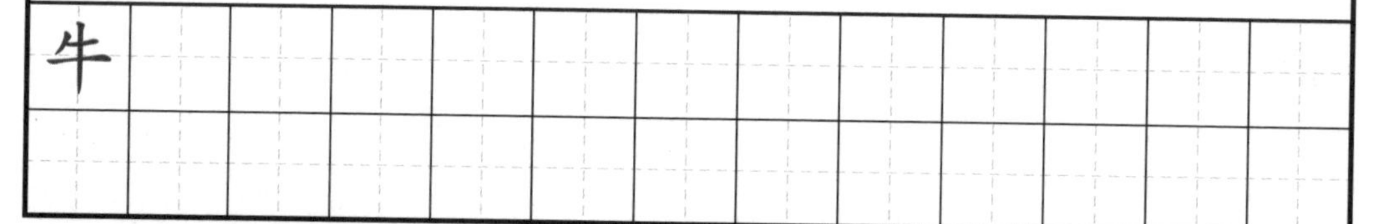

犬	犬자는 뒷발로 서 있는 개의 모습을 그린 것으로 '개'라는 뜻을 가진 글자다. 개는 인류와 매우 친숙한 동물이었다. 犬자가 다른 글자와 결합할 때는 '개'나 '개의 행동', '짐승'과 관련된 뜻을 전달한다. 부수로 쓰일 때는 犭자로 바뀌기도 하며 狐(여우 호)자나 狼(이리 랑)자처럼 개와 비슷한 부류의 동물을 뜻하기도 한다.
개 견	
부수 모양 한자	犯(범할 범), 狂(미칠 광), 狀(형상 상/문서 장), 狐(여우 호), 狡(교활할 교)
활용단어	犯罪(범죄), 狂風(광풍), 狀況(상황), 獨立(독립)

犬猿之間 견원지간

개와 원숭이의 사이처럼, 매우 사이가 나쁜 관계.

犬

玄

검을 현

玄자는 활과 시위를 함께 그린 글자로 亠(돼지머리 두)자와 幺(작을 요)자가 결합한 모양이다. 본래는 '줄', '시위', '검다', '검붉다', '오묘하다' 라는 뜻을 가졌다. 전통적인 활시위가 검은빛이라 玄자는 '검다' 나 '검붉다' 는 뜻을 갖게 되었다. 부수로 쓰일 때는 '활시위' 나 '줄' 과 관련된 의미를 전달한다. 玄자가 '검다' 라는 뜻으로 쓰여 弓(활 궁)자를 더한 弦(시위 현)자가 '활시위' 라는 뜻을 대신한다.

부수 모양 한자	玆(무성할 자), 率(거느릴 솔)
활용단어	玆山(자산), 來玆(내자), 率直(솔직), 統率(통솔)

玄之又玄 현지우현

'오묘(奧妙)하고 또 오묘하다.' 는 뜻으로, 매우 현묘하여 이해하기 어렵다는 말.

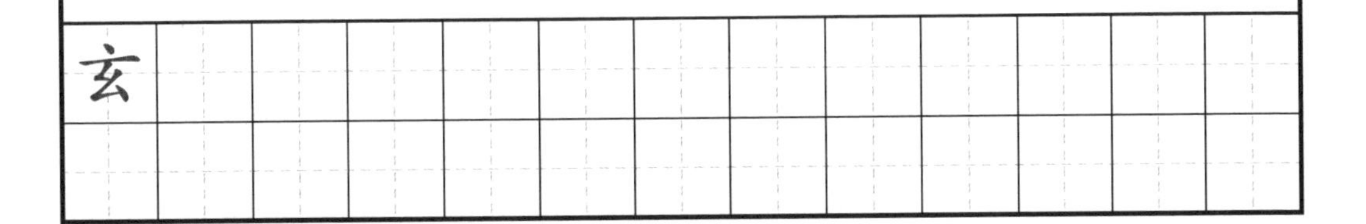

玉

구슬 옥

玉(王)자는 한 개의 밧줄로 세 개의 구슬을 꿰고 있는 모양을 본뜬 글자다. 갑골문에서는 王(임금 왕)자와 같은 모습이었으나 해서에서는 王자와 구별이 어려워 점을 찍은 형태로 바뀌게 되었다. 玉자가 부수 역할을 할 때는 점이 빠져서 王자로 표기된다는 점을 주의해야 한다. 珍(보배 진)자나 班(나눌 반)자처럼 王자가 부수로 쓰여 있다 할지라도 '구슬' 로 해석해야 한다.

부수 모양 한자	玩(희롱할 완), 玲(옥소리 령), 珀(호박 박), 珍(보배 진), 班(나눌 반), 琴(거문고 금)
활용단어	珍珠(진주), 琵琶(비파), 現場(현장)

玉衣玉食 옥의옥식

아주 좋은 옷을 입고 맛있는 음식을 먹음. 또는 그러한 의복과 음식.

玉

오이 과

瓜자는 오이 덩굴에 열매가 매달린 모습을 본뜬 글자로 오이와 같은 덩굴식물을 뜻한다. 다른 글자와 결합하기보다는 주로 단독으로 쓰이는 경우가 많다. 孤(외로울 고)자는 子(아들 자)자가 부수로 지정되어 있다.

부수 모양 한자	瓠(박 호), 瓢(바가지 표), 瓣(외씨 판)
활용단어	水瓠(수박), 瓢舟(표주), 瓣膜(판막)

瓜熟蒂落 과숙체락

'오이가 익으면 꼭지가 자연히 떨어진다.'는 뜻으로, 때가 오면 무슨 일이든 자연히 이루어짐을 말함.

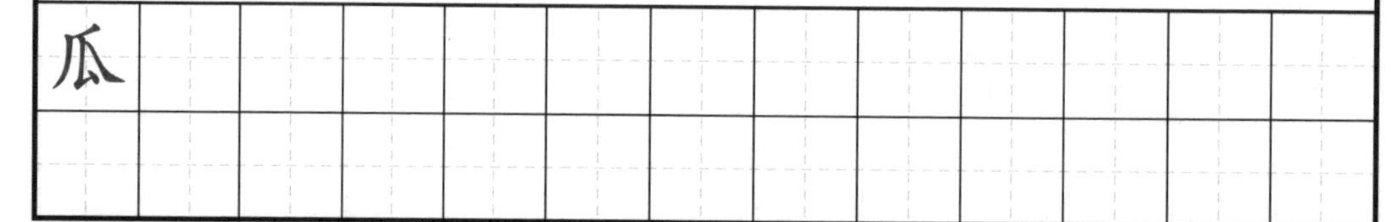

瓦

기와 와

瓦자는 기와가 서로 맞물려 있는 모습을 본뜬 것으로 '기와'나 '질그릇'이라는 뜻을 가진 글자다. 기와는 흙을 빚어 고온에서 구워내야 하므로 토기를 제조하는 방식과 매우 비슷하기 때문에 '기와'라는 뜻 외에도 '질그릇'과 관련된 의미를 전달하기도 한다. 상용한자에서는 瓦자가 부수로 쓰인 글자가 없지만 다른 글자와 결합할 때는 주로 '토기'와 관련된 의미를 전달하고 있다.

부수 모양 한자	甁(병 병), 瓷(사기그릇 자), 甑(시루 증), 甕(독 옹), 瓮(독 옹)
활용단어	甕器(옹기), 花甁(화병), 瓷燈(자등), 甑餠(증병)

瓦合之卒 와합지졸

규율도 통일성도 없는 군중을 이르는 말.

瓦

甘

달 감

甘자는 입속에 물건을 넣고 있음을 나타내며 입안에 음식이 들어가 있음을 표현한 것으로 '달다' 나 '맛좋다', '만족하다' 라는 뜻을 가진 글자다. 甘자의 사전적 의미는 '달다' 나 '맛좋다' 이지만 실제 쓰임에서는 甛(달 첨)자가 '달다' 라는 뜻으로 쓰이고, 부수로 쓰일 때는 주로 '먹다' 와 관련된 뜻을 전달하고 있으니 甘자를 '달다' 라는 뜻으로 해석할 필요는 없다.

부수 모양 한자	甚(심할 심), 甛(달 첨)
활용단어	甚大(심대), 甛瓜(첨과)

甘呑苦吐 감탄고토

'달면 삼키고 쓰면 뱉는다.' 는 뜻으로, 사리에 옳고 그름을 돌보지 않고, 자기 비위에 맞으면 취하고 싫으면 버린다는 뜻.

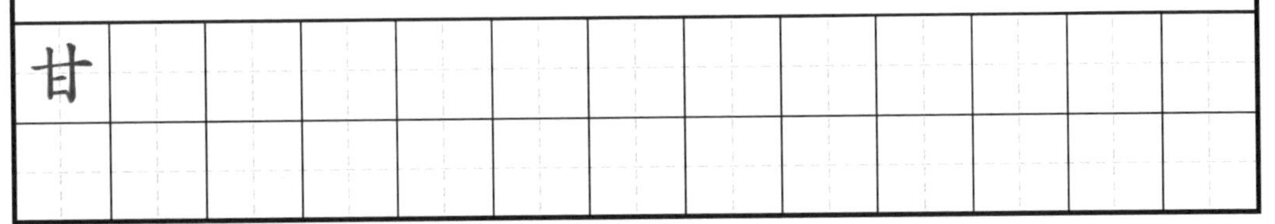

生

날 생

生자는 풀이나 나무가 싹트는 모양을 본뜬 것으로 '나다', '낳다', '살다' 라는 뜻을 가진 글자다. 갑골문에는 새싹이 돋아나는 모습이 그려져 있어 '나서 자라다' 나 '돋다' 라는 뜻으로 쓰였다. 새싹이 돋아나는 것은 새생명이 탄생했음을 의미한다. 그래서 生자는 후에 '태어나다', '살다', '나다' 의 뜻을 갖게 되었다. 다른 글자와 결합할 때는 본래 의미인 '나다' 를 전달하는 경우가 많다.

부수 모양 한자	産(낳을 산), 甥(생질 생)
활용단어	産業(산업), 甥姪(생질)

生生發展 생생발전

끊임없이 힘차게 발전함.

生

用

쓸 용

用자는 나무로 만든 통을 그린 것으로 '쓰다', '부리다', '일하다' 라는 뜻을 가진 글자다. 주술 도구나 걸개가 있는 '종' 을 그린 것으로 해석하기도 한다. 원래는 '나무통' 을 뜻하다가 '쓰다' 라는 뜻으로 전용되면서 木(나무 목)자를 결합한 桶(통 통)자가 그 뜻을 대신한다. 부수로 지정되어 있지만 상용한자에서는 관련된 글자가 없으며 다른 글자와 결합할 때 '나무통' 이라는 뜻을 전달한다.

부수 모양 한자	甫(클 보), 甬(길 용)
활용단어	甫羅(보라), 杜甫(두보), 甬筒(용통)

用意周到 용의주도

'어떤 일을 할 마음이 두루 미친다.' 는 뜻으로, 마음의 준비가 두루 미쳐 빈틈이 없음.

用

田

밭 전

田자는 밭과 밭 사이의 도랑을 그린 상형문자로 '밭' 이나 '경작지' 를 뜻하는 글자다. 벼의 재배법에 따라 조성된 밭을 본떠 그린 한자이기 때문에 부수로 쓰일 때는 대부분 '밭' 이나 '농사' 와 관련된 의미를 전달한다. 그러나 田자를 단순히 모양자로만 사용하는 경우도 많다.

부수 모양 한자	甲(갑옷 갑), 申(거듭 신), 由(말미암을 유), 男(사내 남), 界(지경 계), 畓(논 답)
활용단어	男妹(남매), 畜舍(축사), 留保(유보), 異變(이변)

田夫之功 전부지공

엉뚱한 제삼자가 힘들이지 않고 이득 보는 것을 비유하여 이르는 말.

田

짝 필(발 소)

疋자는 무릎 아래의 모양을 본뜬 것으로 '짝' 이나 '배필', '발' 이라는 뜻을 가진 글자다. 단독으로 쓰일 때는 '짝' 이나 '배필' 과 같이 비단 따위의 천을 세는 단위로 쓰이지만, 부수로 활용될 때는 止(발 지)자나 足(발 족)자처럼 '발의 동작' 이나 '상태' 와 같은 뜻을 전달한다.

부수 모양 한자	疏(소통할 소), 疎(성길 소), 疑(의심할 의)
활용단어	疏通(소통), 親疎(친소), 疑心(의심)

疏食菜羹 소사채갱

'거친 음식과 나물국' 이란 뜻으로, 청빈하고 소박한 생활을 이르는 말.

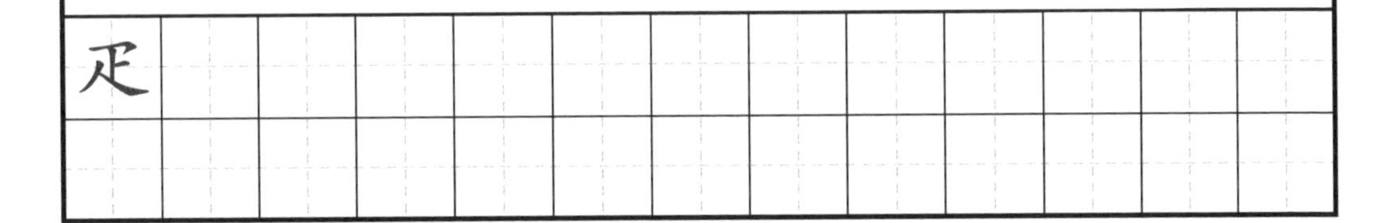

병질 엄(병들어 기댈 녁)

疒자는 사람이 병이 들어 침대에 기대는 모양으로 '병들다' 나 '앓다' 라는 뜻을 가진 글자다. 병이 든 사람이 누워 있다는 의미에서 '병들다' 나 '앓다' 라는 뜻을 갖게 되었다. 단독으로는 쓰이지 않고 다른 글자와 결합하여 다치거나 질병과 관련된 의미를 전달한다.

부수 모양 한자	病(병 병), 疫(전염병 역), 疵(허물 자), 症(증세 증), 疲(피곤할 피), 痛(아플 통)
활용단어	疫病(역병), 痛症(통증), 瘦瘠(수척), 治療(치료)

病入骨髓 병입골수

골수에 스며들 정도로 병이 깊고 위중함.

疒

등질 **발**(필발머리)

癶자는 두 발을 벌린 모양을 본뜬 것으로 '등지다', '걷다' 라는 뜻을 가졌다. 갑골문에는 발을 뜻하는 止(그칠 지)자가 나란히 그려져 마치 등을 돌린 것과 같다 하여 '등지다' 라는 뜻을 갖게 되었다. 실제로 '걷다' 는 뜻만 전달할 뿐 '등지다' 는 뜻은 쓰이지 않는다. 癶자는 글자 상단 부분에 위치해 발을 뜻하려고 만든 글자이며 쓰임으로는 止(발 지)자나 足(발 족)자와 같은 뜻을 전달한다.

부수 모양 한자	癸(북방 계), 登(오를 등), 發(필 발)
활용단어	癸巳(계사), 登錄(등록), 發展(발전)

癸丑日記 계축일기

광해군 4년에 광해군이 영창 대군을 죽일 때 대군의 어머니 인목대비의 원통한 정경을 어떤 궁녀가 기록한 글.

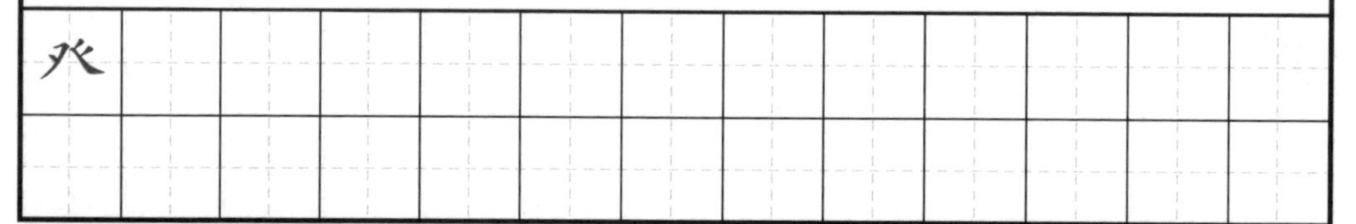

흰 **백**

白자는 햇빛이 위를 향하여 비추는 모양을 본뜬 글자, 또는 촛불을 본뜬 글자라고 하여 '희다', '깨끗하다', '진솔하다' 라는 뜻을 가졌다. 갑골문에는 타원형 중심에 획이 하나 그어져 촛불 심지와 밝게 빛나는 불빛을 표현해 '밝다', '빛나다' 는 뜻을 갖게 되었다. 부수로 지정되어 있지만 상용한자에서는 모양자로만 활용되고 있다.

부수 모양 한자	百(일백 백), 的(과녁 적), 皆(다 개), 皇(임금 황), 皐(언덕 고), 皎(달 밝을 교)
활용단어	百姓(백성), 目的(목적), 皆勤(개근), 皇帝(황제)

白面書生 백면서생

'희고 고운 얼굴에 글만 읽는 사람' 이란 뜻으로, 세상일에 조금도 경험이 없는 사람을 이르는 말.

白

가죽 피

皮자는 손(又)으로 가죽(又 제외)을 벗기는 것을 나타내며 '가죽', '껍질', '표면'의 뜻을 가진 글자다. 皮자가 가죽을 뜻하는 革(가죽 혁)자와 다른 점은 갓 잡은 동물의 '생가죽'을 벗겨내는 모습을 그렸다는 점이다. 그래서 皮자와 결합하는 글자들은 '껍질'이나 '표면', '가죽'과 같은 '겉면'을 뜻한다. 상용한자에서 부수로 쓰인 글자는 없지만 波(물결 파)자처럼 부수가 아닌 글자에서 등장한다.

부수 모양 한자	皺(주름 추)
활용단어	皮膚(피부), 脫皮(탈피), 皺面(추면), 皺眉(추미)

皮骨相接 피골상접

살가죽과 뼈가 맞붙을 정도로 몹시 마름.

皮

皿

그릇 명

皿자는 그릇을 본뜬 것으로 '그릇'이나 '접시'라는 뜻을 가진 글자다. 길쭉한 모습으로 그려졌던 皿자는 해서에서부터 납작한 형태로 바뀌게 되어 지금은 마치 접시와 같은 모습을 하게 되었다. '그릇'을 그린 한자이기 때문에 부수로 쓰일 때는 '그릇'이나 '담다'와 같은 뜻을 전달한다.

부수 모양 한자	盃(잔 배), 盂(사발 우), 盈(찰 영), 益(더할 익), 盖(덮을 개), 盛(성할 성), 盟(맹세 맹)
활용단어	毒盃(독배), 盈月(영월), 盛況(성황), 盟誓(맹세)

一盃之飮 일배지음

한 잔의 마실 것.

皿

目 눈 목	目자는 사람 눈을 그린 것으로 '눈'이나 '시력', '안목'이라는 뜻을 가진 글자다. 본래는 가로로 쓰였지만, 한자를 세워 쓰는 방식이 적용되면서 지금과 같은 모습을 갖추게 되었다. 눈을 그린 한자이기 때문에 부수로 쓰일 때는 대부분 '보다'나 '눈의 상태', '눈'과 관련된 뜻을 전달한다. 그러나 眞(참 진)자나 鼎(솥 정)자처럼 솥을 생략할 때 目자가 쓰이는 예도 있다.
부수 모양 한자	盲(맹인 맹), 直(곧을 직), 看(볼 간), 眉(눈썹 미), 相(서로 상), 省(덜 생)
활용단어	盲目(맹목), 直線(직선), 看板(간판), 相談(상담)

目不識丁 목불식정

'고무래를 보고도 그것이 고무래 정(丁)자인 줄 모른다.'는 뜻으로, 글자를 전혀 모름. 또는 그러한 사람을 비유해 이르는 말.

矛 창 모	矛자는 장식이 달린 긴 창을 본떠서 만든 글자다. 고대에 사용하던 수많은 무기 중 하나를 그린 것으로 '창'이라는 뜻을 가지고 있지만 실제 쓰임은 매우 적다. 상용한자에서 矛자가 부수로 쓰인 글자는 한 자도 없고 다른 글자와 결합할 때도 주로 모양자 역할만을 하며 '찌르다'는 의미를 담고 있다. 관련된 단어도 적어서 '창과 방패'라는 뜻의 모순(矛盾)만 있다.
부수 모양 한자	矜(자랑할 긍), 務(힘쓸 무), 柔(부드러울 유)
활용단어	矛盾(모순), 矜恤(긍휼), 任務(임무), 柔軟(유연)

矛盾撞着 모순당착

같은 사람의 문장(文章)이나 언행(言行)이 앞뒤가 서로 어그러져서 모순됨.

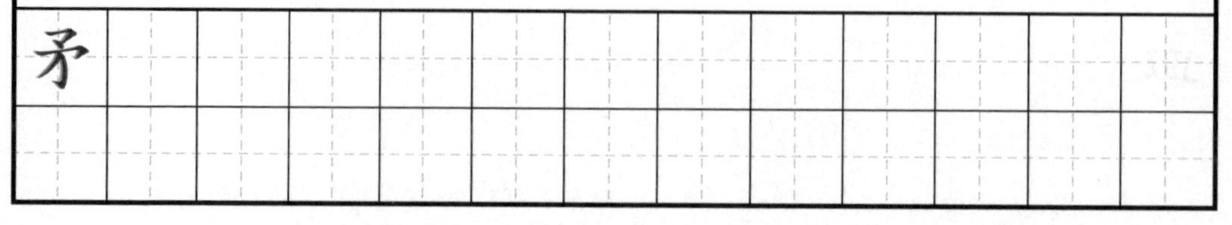

矢

화살 시

矢자는 화살촉과 깃의 모양을 본뜬 것으로 '화살' 이나 '곧다' 라는 뜻을 가진 글자다. 화살은 사냥이나 전쟁에 사용하던 무기로 살상력이 있는 도구지만 矢자는 공격보다는 화살이 곧게 날아가는 모습으로만 응용되고 있다. 矢자가 '곧다' 라는 뜻으로 쓰이면서 箭(화살 전)자가 '화살' 이라는 뜻을 대신하기도 한다.

부수 모양 한자	矣(어조사 의), 知(알 지), 矩(모날 구/법도 구), 短(짧을 단), 矯(바로잡을 교)
활용단어	知識(지식), 矩步(구보), 短篇(단편), 矮小(왜소)

五矢五中 오시오중

화살을 다섯 개 쏘아서 다 맞힘.

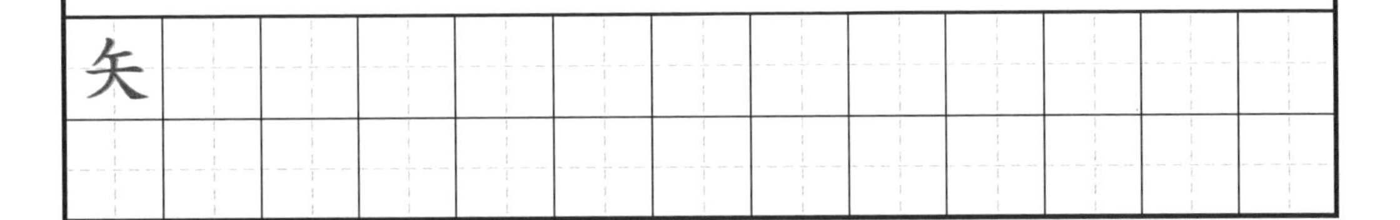

石

돌 석

石자는 언덕 아래에 뒹구는 돌의 모양을 본뜬 것으로 '돌' 을 나타낸다. 옛날에는 돌이 무게의 단위나 악기의 재료로 쓰인 적이 있었기 때문에 石자에는 '용량 단위' 나 '돌 악기' 라는 뜻이 남아 있다. 그러나 石자가 부수로 쓰일 때는 주로 '돌의 종류' 나 '돌의 상태', '돌의 성질' 과 관련된 의미를 전달한다.

부수 모양 한자	砂(모래 사), 砦(진터 채), 砲(대포 포), 硏(갈 연), 硬(굳을 경), 碑(비석 비)
활용단어	礎石(초석), 砂金(사금), 硏究(연구), 硯滴(연적)

石火光陰 석화광음

돌이 마주 부딪칠 때 불이 반짝이는 것과 같이 빠른 세월을 이르는 말.

石

示

보일 시(礻)

示자는 신에게 제를 지낼 때 제물을 차려 놓은 제단의 모양을 본뜬 글자로 제물을 신에게 보여 준다는 의미로 '보이다' 라는 뜻을 갖게 되었다. 그래서 示자가 부수로 쓰일 때는 대부분 '신' 이나 '귀신', '제사', '길흉' 과 관계된 의미를 전달한다. 주의할 점은 부수로 쓰일 때는 礻자로 바뀌기 때문에 衣(옷 의)자의 부수자인 衤자와 구분해야 한다.

부수 모양 한자	社(모일 사), 祀(제사 사), 祉(복 지), 祠(사당 사), 神(귀신 신), 祝(빌 축)
활용단어	神社(신사), 福祉(복지), 祝祭(축제), 禍福(화복)

拈華示衆 염화시중

'꽃을 따서 무리에게 보인다.' 는 뜻으로, 말이나 글에 의하지 않고 이심전심으로 뜻을 전하는 일.

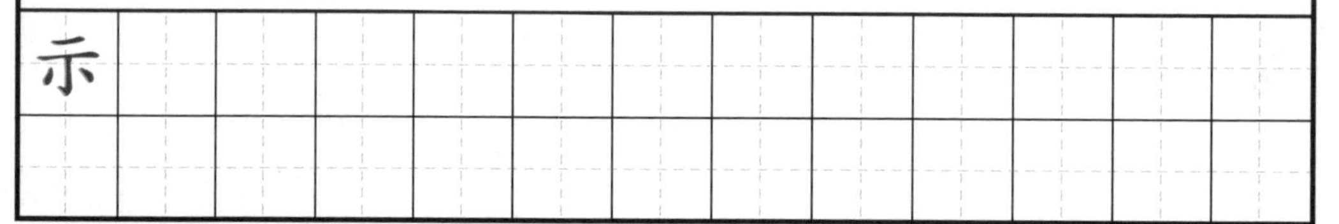

内

발자국 유

内자는 땅이나 눈 위에 난 짐승의 발자국을 본뜬 글자로 '발자국' 이라는 뜻을 갖게 되었지만, 단독으로 쓰이는 예는 없다. 다른 글자와 결합할 경우 주로 날짐승이나 동물과 관련된 의미만 전달한다. 釆(분별할 변)자나 番(차례 번)자가 발자국과 관련된 뜻으로 쓰이고 있기 때문이다.

부수 모양 한자	禹(성씨 우), 禽(새 금/사로잡을 금)
활용단어	禹氏(우씨), 禽獸(금수), 嘉禽(가금)

禽獸魚蟲 금수어충

새와 짐승과 고기와 벌레. 곧, 사람이 아닌 모든 동물.

内

禾 벼 화

禾자는 이삭이 고개를 숙인 모습을 본뜬 글자로 곡식을 총칭하는 뜻으로 쓰이고 있다. 인류가 최초로 재배했던 곡식이 '조' 였기 때문에 禾자는 조가 익은 모습을 그린 것으로 보지만 지금은 포괄적으로 '곡식' 이나 '벼' 의 뜻으로 쓰인다. 부수로 쓰일 때는 곡식의 종류나 가치와 관련된 의미를 전달한다. 과거에는 벼를 세금으로 지불해 돈이나 세금과 관련된 글자를 만드는 데도 사용됐다.

부수 모양 한자	私(사사 사), 秀(빼어날 수), 秊(해 년), 科(과목 과), 秋(가을 추), 租(조세 조)
활용단어	私有(사유), 秀才(수재), 移秧(이앙), 稱頌(칭송), 秋穫(추확)

禾利付畓 화리부답

화리의 소작(小作) 관행이 행해지던 논.

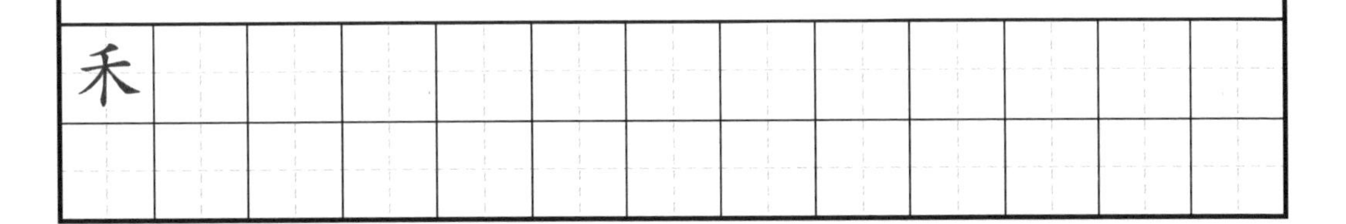

禾

穴 구멍 혈

穴자는 구멍을 판 '동굴' 즉, 사람이 사는 움집을 본뜬 글자다. 동굴은 깊고 어두운 곳이기 때문에 穴자는 '구멍' 이나 '어둡다', '심오하다' 와 같은 뜻을 가지고 있지만 인류가 동굴에서 거주했기 때문에 '집' 과 관련된 의미를 전달하기도 한다.

부수 모양 한자	究(연구할 구), 空(빌 공), 穹(하늘 궁), 突(갑자기 돌), 穿(뚫을 천), 窈(고요할 요)
활용단어	窮究(궁구), 穿孔(천공), 突變(돌변), 同窓(동창)

穴居野處 혈거야처

굴속이나 한데서 살아감.

穴

立 설 립

立자는 사람이 두 팔과 두 다리를 벌리고 서 있는 모습을 본뜬 글자다. 서 있는 사람을 나타내기 때문에 '서다' 나 '똑바로 서다', '임하다' 는 뜻을 갖게 되었지만, 당당히 서 있다는 의미에서 개인의 존재감이나 사물의 위치가 바로 세워져 있음을 뜻하기도 한다. 상용한자에서 立자가 부수로 쓰인 글자들은 대부분 노예와 관련된 辛(매울 신)자가 생략된 것으로 해석에 주의가 필요하다.

부수 모양 한자	竝(나란히 병), 站(역마을 참), 章(글 장), 童(아이 동), 竣(마칠 준), 端(끝 단)
활용단어	竝列(병렬), 先站(선참), 憲章(헌장), 童詩(동시), 竣工(준공)

立春大吉 입춘대길

입춘(立春)을 맞이하여 길운(吉運)을 기원하는 글.

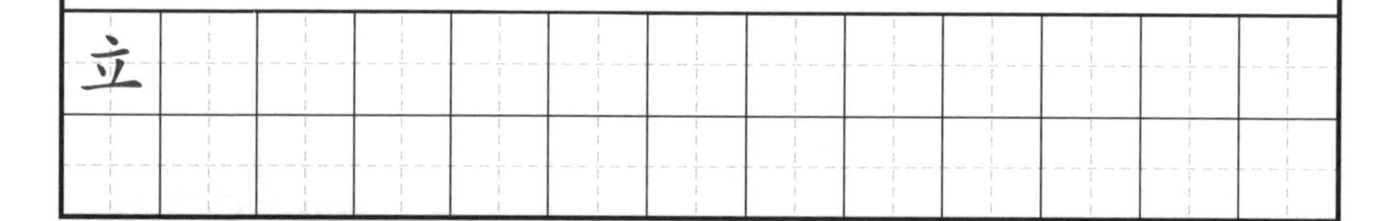

竹 대 죽(⺮)

竹자는 대나무 줄기와 잎이 늘어져 있는 모습을 본뜬 것으로 '대나무' 나 '죽간' 의 뜻을 가진 글자다. 갑골문에는 잎사귀만 늘어져 있는 모습이었으나 금문부터 대나무와 잎사귀가 함께 표현되었다. '대나무' 를 그렸기 때문에 부수로 쓰일 때는 대나무를 이용해 만든 물건이나 '죽간(竹簡)' 을 뜻하고, 모양이 바뀌어 잎사귀(⺮)만 표현된다.

부수 모양 한자	竹(대 죽), 簡(대쪽 간), 藤(등나무 등), 筆(붓 필), 算(셈 산)
활용단어	竹簡(죽간), 藤牌(등패), 筆記(필기), 計算(계산)

竹馬故友 죽마고우

'대나무 말을 타고 놀던 옛 친구(親舊)' 라는 뜻으로, 어릴 때부터 가까이 지내며 자란 친구를 이르는 말.

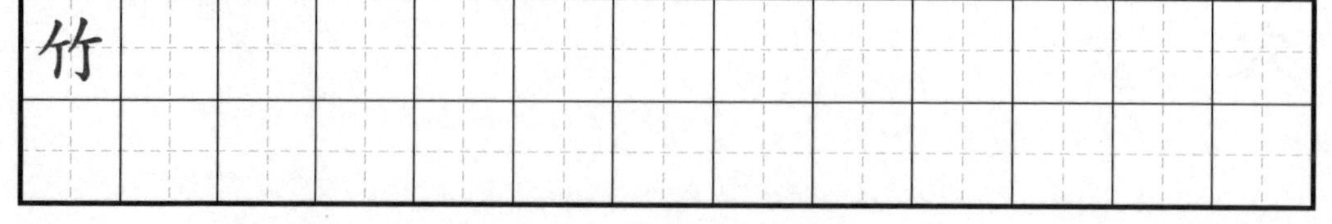

六劃

쌀 미

米자는 벼나 수수 등 곡식의 낟알을 본뜬 것으로 '쌀' 이나 '곡식의 낟알' 이라는 뜻이 있다. 木(나무 목)자에 점이 양쪽으로 찍힌 듯 보이는 한자지만 十(열 십)자 주위로 낟알이 흩어져 있는 모습을 그린 것이다. 부수로 쓰일 때는 주로 '쌀' 이나 '곡식' 또는 곡식을 가공한 제품이라는 뜻을 전달한다.

부수 모양 한자	米(쌀 미), 糟(지게미 조), 糠(겨 강), 糞(똥 분), 粱(기장 량), 糖(엿 당)
활용단어	米飮(미음), 糟糠(조강), 糞土(분토), 黃粱(황량), 糖分(당분)

米櫃大監 미궤대감

사도세자(思悼世子)를 달리 이르는 말.

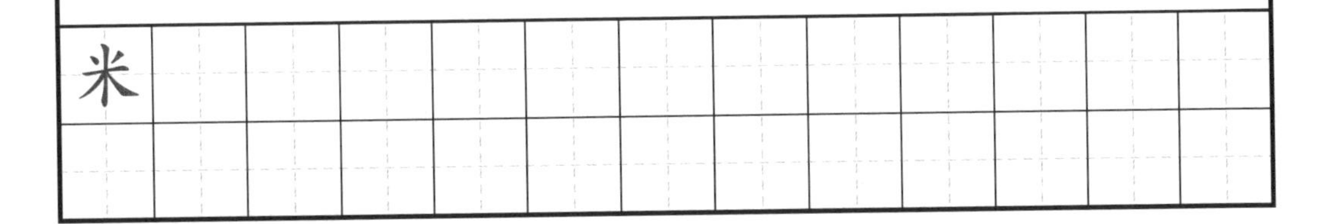

糸

실 사(실사변)

糸자는 누에고치에서 뽑은 실을 묶어 만든 실타래를 본뜬 것으로 '가는 실' 이나 '가늘다', '적다' 라는 뜻을 가진 글자다. 糸자는 '비단 실' 이 본래의 의미로 누에고치 하나에서 생산되는 실은 너무 가늘어서 여러 개의 실 가닥을 엮어야 비단을 생산할 수 있다. 그래서 부수로 쓰일 때는 '실' 이라는 뜻 외에 '가늘다' 나 '적다' 라는 뜻을 전달한다.

부수 모양 한자	糸(실 사), 系(맬 계), 繁(번성할 번), 緊(긴할 긴), 繼(이을 계)
활용단어	系列(계열), 繁榮(번영), 緊急(긴급), 繼承(계승)

系統分類 계통분류

생물 진화의 계통에 일치하거나 또 이를 반영하려고 하는 생물의 분류 방법.

糸

缶

장군 부

缶자는 그릇에 담긴 흙을 절구공이로 찧은 모습을 본뜬 글자라고도 하고 액체가 증발하거나 쏟아지지 않도록 용기와 뚜껑을 함께 그린 것으로 보기도 한다. 액체를 담는 용기를 뜻하지만 다른 글자와 결합할 때는 缸(항아리 항)자나 陶(질그릇 도)자처럼 토기와 관련된 의미를 전달한다.

부수 모양 한자	缶(장군 부), 缺(이지러질 결), 罄(빌 경)
활용단어	盎缶(앙부), 缺乏(결핍), 告罄(고경)

缶形武砂 부형무사

장구무사. 홍예문의 홍예의 옆이나 위의 호형에 맞추어 평행이 되게 놓는 돌.

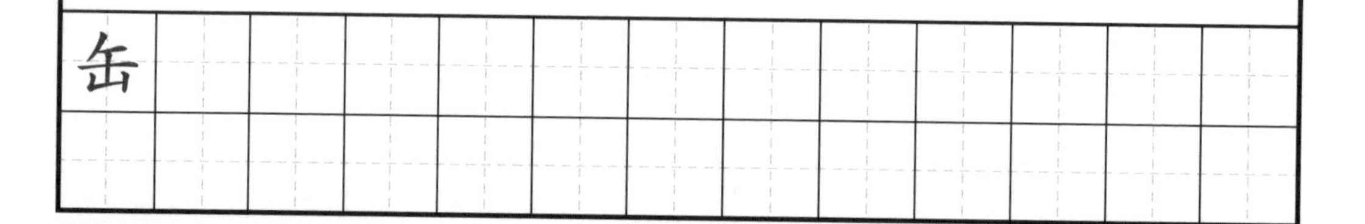

缶

网

그물 망(罒, 罓, ⺴)

网(罒, 罓, ⺴)자는 얼기설기 실을 엮어 만든 그물을 그린 것으로 '그물' 이나 '계통', '조직' 이라는 뜻을 가진 글자다. 그물은 물고기나 새를 잡는 용도로 사용했기 때문에 网자가 부수로 들어간 글자들은 대부분 '잡다' 라는 뜻을 전달한다. 부수로 쓰일 때는 罒, 罓, ⺴자와 같은 다양한 모양으로 바뀐다.

부수 모양 한자	网(그물 망), 罕(드물 한), 羅(벌일 라), 罷(마칠 파)
활용단어	网脂(망지), 稀罕(희한), 耽羅(탐라), 罷業(파업)

羅浮之夢 나부지몽

'나부산의 꿈' 이라는 뜻으로, 덧없는 한바탕의 꿈을 이르는 말.

网

羊

양 양(⺷, ⺶)

羊(⺷, ⺶)자는 양의 머리를 정면에서 본 모습을 그린 것으로 '양', '상서롭다'는 뜻을 가졌다. 양은 고기 맛이 좋고 유용한 털 때문에 상서로운 짐승으로 여겨 제사에 쓰였다. 고대의 권력자들은 양의 뿔을 상서로움이나 권력의 상징으로 삼았기 때문에 羊자가 부수로 쓰이면 '양'이나 '양고기', '상서로움', '권력'의 뜻을 갖는다. 다른 글자와 결합할 때는 하단의 획이 생략된 형태로 결합한다.

부수 모양 한자	羊(양 양), 美(아름다울 미), 羚(영양 령), 羔(새끼 양 고), 義(옳을 의)
활용단어	羊毛(양모), 美國(미국), 羔雁(고안), 義理(의리)

羊質虎皮 양질호피

'속은 양이고, 거죽은 호랑이'라는 뜻으로, '거죽은 훌륭하나 실속이 없음.'을 이르는 말.

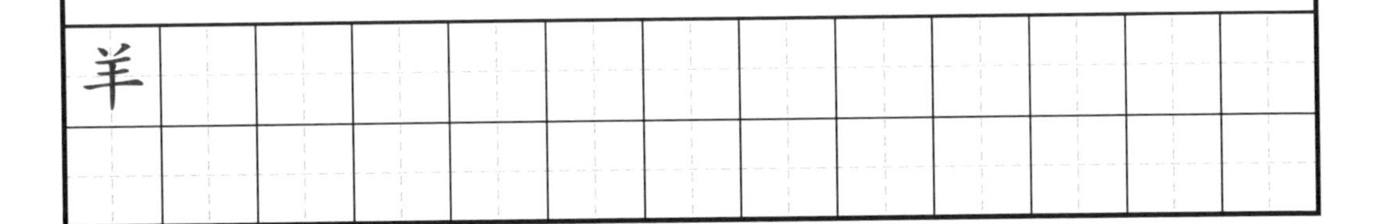

羽

깃 우

羽자는 깃촉과 털이 갖추어진 새의 깃털을 본뜬 글자로 '깃', '날개', '돕다' 등의 뜻을 가졌다. 갑골문에는 두 개의 깃털이 그려져 있는데 '날개'나 '새', '날다'라는 뜻을 표현했다. 깃털은 새가 하늘을 날 수 있도록 돕는다는 의미에서 '돕다'라는 뜻도 갖고 있다.

부수 모양 한자	羽(깃 우), 翼(날개 익), 翁(늙은이 옹), 翅(날개 시), 翰(편지 한)
활용단어	羽翼(우익), 翁姑(옹고), 翅鳥(시조), 書翰(서한)

羽化登仙 우화등선

'날개가 돋아 신선이 되어 하늘에 오른다.'는 뜻으로, 술이 거나하게 취하여 기분이 좋음.

羽

老

늙을 로(耂)

老(耂)자는 노인을 본뜬 것으로 '늙다' 나 '익숙하다' 라는 뜻을 가진 글자다. 예로부터 노인은 공경과 배움의 대상이었기 때문에 '늙다' 나 '쇠약하다' 라는 뜻 외에도 '공경하다' 나 '노련하다' 와 같은 뜻을 함께 가지고 있다. 다른 글자의 부수로 쓰일 때는 耂로 쓰는 경우가 많다.

부수 모양 한자	老(늙을 로), 考(생각할 고), 耉(늙을 구)
활용단어	老少(노소), 考慮(고려), 黃耉(황구)

老少同樂 노소동락

노인과 젊은이가 함께 즐김.

老

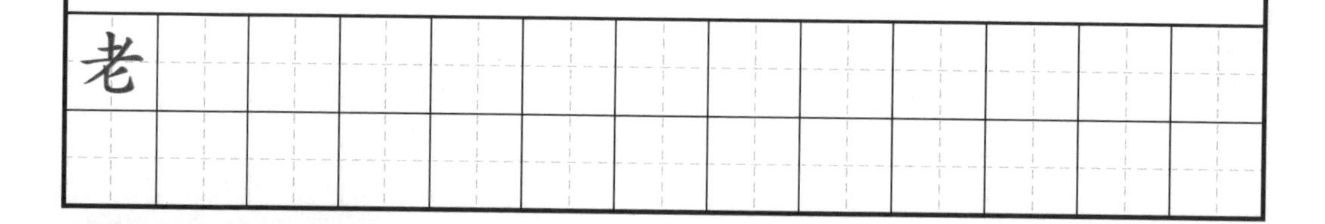

而

말이을 이

而자는 턱 아래에 길게 드리워진 수염을 그린 것으로 '말을 잇다' 나 '자네', '~로서' 와 같은 뜻으로 쓰이는 글자다. 본래 '턱수염' 이라는 뜻으로 쓰였으나 지금은 '자네' 나 '그대' 처럼 인칭대명사로 쓰이거나 '~로써' 나 '~하면서' 와 같은 접속사로 가차(假借)되어 있다. 하지만 而자가 부수 역할을 할 때는 여전히 '턱수염' 과 관련된 의미를 전달한다.

부수 모양 한자	而(말이을 이), 耐(견딜 내), 耑(끝 단/오로지 전), 耍(희롱할 사)
활용단어	而後(이후), 忍耐(인내), 耑系(단계), 耑敎(전교)

和而不同 화이부동

'남과 사이좋게 지내되 의(義)를 굽혀 좇지는 아니한다.' 는 뜻으로, 남과 화목하게 지내지만 자기의 중심과 원칙을 잃지 않음.

而

耒

가래 뢰

耒자는 밭을 가는 도구인 '쟁기'를 본뜬 것으로 '가래'나 '쟁기'라는 뜻을 가진 글자다. 갑골문에서는 力(힘 력)자가 '쟁기'라는 뜻으로 쓰였으나 후에 力자가 '힘'과 관련된 뜻으로 쓰이게 되면서 금문에서는 耒자가 '쟁기'나 '가래'라는 뜻을 대신하게 되었다. 부수로 지정되어 있기는 하지만 상용한자에서는 관련된 글자가 많지 않다.

부수 모양 한자	耒(가래 뢰), 耕(밭갈 경), 耗(소모할 모)
활용단어	耒鐵(뇌철), 水耕(수경), 消耗(소모)

奉耒耜官 봉뢰사관

임금이 적전(籍田)을 친경(親耕)할 때 쟁기와 보습을 대령하는 일을 맡은 임시 벼슬. 또는 그 벼슬아치.

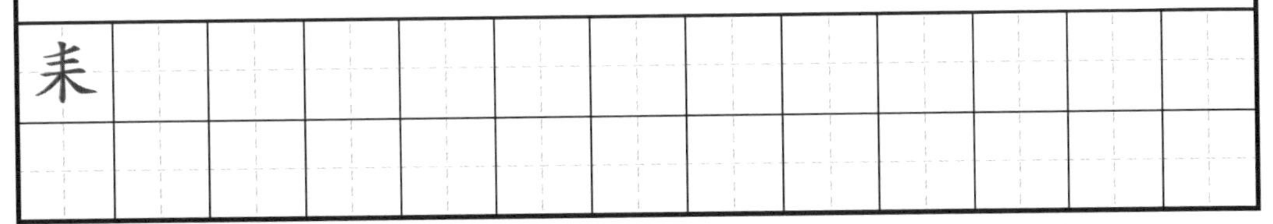

耳

귀 이

耳자는 귀의 모양을 본뜬 것으로 '귀'나 '듣다'라는 뜻을 가진 글자다. 사람의 귀를 그린 한자이기 때문에 귀의 기능인 '듣다'와 관련된 뜻을 전달하지만 일부 글자에서는 항아리나 솥과 같이 단순히 물체의 '손잡이'를 뜻할 때도 있다.

부수 모양 한자	耳(귀 이), 聽(들을 청), 聲(소리 성), 聞(들을 문), 職(직분 직)
활용단어	耳目(이목), 聽衆(청중), 發聲(발성), 風聞(풍문), 職場(직장)

耳聞目見 이문목견

귀로 듣고 눈으로 봄.

耳

聿

붓 율

聿자는 붓을 들고 있는 모습을 본뜬 것으로 '붓' 이라는 뜻을 가진 글자다. 竹(대나무 죽)자가 더해진 筆(붓 필)자가 따로 만들어지게 되어 '붓' 을 뜻할 때는 筆자가 쓰이고 聿자는 다른 글자와 결합할 때 '붓' 이라는 뜻을 전달하고 있다. 상용한자에서는 聿자가 부수로 지정된 글자는 거의 없다. 書(글 서)자나 畵(그림 화)자가 있지만 聿자가 부수로 지정된 것은 아니다.

부수 모양 한자	聿(붓 율), 肅(엄숙할 숙), 肆(방자할 사)
활용단어	肅然(숙연), 肅淸(숙청), 嚴肅(엄숙), 肆惡(사악)

肅殺之氣 숙살지기

가을의 쌀쌀한 기운.

聿

肉

고기 육(육달월)(月, ⺼)

肉(月, ⺼)자는 고기에 칼집을 낸 모양을 그린 것으로 '고기', '살', '몸'을 뜻한다. 단독으로는 고기를 뜻하고 다른 글자와 결합하면 신체와 관련된 의미를 전달한다. 부수로 쓰이면 '月(달 월)자로 바뀌니 주의해야 한다. 月(달 월)자가 부수로 쓰일 때는 期(기약할 기)자처럼 우측 변에, ⺼(육달 월)자일 경우에는 肝(간 간)자처럼 좌측이나 하단, 상단에 위치한다. 肉자가 月자로 쓰일 때는 '육달 월' 로 읽는다.

부수 모양 한자	肉(고기 육), 腐(썩을 부), 脚(다리 각), 肩(어깨 견), 肘(팔꿈치 주)
활용단어	血肉(혈육), 腐敗(부패), 脚色(각색)

肉脫骨立 육탈골립

몸이 몹시 여위어 뼈만 남도록 마름.

肉

臣	臣자는 고개를 숙인 사람의 눈 또는 임금 앞에 몸을 구부리고 있는 사람의 모양을 본뜬 것으로 '신하'나 '하인', '포로'라는 뜻을 가진 글자다. 단독으로 쓰일 때는 '신하'를 뜻하지만 다른 글자와 결합할 때는 監(볼 감)자나 臥(엎드릴 와)자처럼 고개를 숙인 사람의 눈과 관련된 의미를 전달한다.
신하 **신**	
부수 모양 한자	臣(신하 신), 臨(임할 림), 臥(누울 와)
활용단어	臣下(신하), 臨時(임시), 臥病(와병)

君臣有義 군신유의

임금과 신하 사이에 의리가 있어야 함.

臣

自	自자는 사람의 코를 정면에서 그린 것으로 본래 의미는 '코'였다. 코는 사람 얼굴의 중심이자 자신을 가리키는 위치이기도 하다. 우리는 보통 나 자신을 가리킬 때 손가락이 얼굴을 향하게 한다. 이러한 의미가 확대되면서 自자는 점차 '자기'나 '스스로'라는 뜻을 갖게 되었다. 自자가 자신을 가리키는 말로 쓰이게 되면서 지금은 畀(줄 비)자를 더한 鼻(코 비)자가 '코'의 뜻을 대신한다.
스스로 **자**	
부수 모양 한자	自(스스로 자), 臭(냄새 취/맡을 후)
활용단어	自身(자신), 自然(자연), 自由(자유), 脫臭(탈취)

自問自答 자문자답

'스스로 묻고 스스로 대답한다.'는 뜻으로, 마음속으로 대화함을 이르는 말.

自

至

이를 지

至자는 화살이 땅에 꽂힌 모습을 그린 것으로 '이르다', '도달하다' 라는 뜻을 가진 글자다. 화살이 먼 곳에서 날아와 멈춘다는 데서 '이르다', '미치다'의 뜻으로 사용한다. 갑골문에는 땅에 꽂힌 화살이 그려져 있는데 목표에 도달했다는 뜻을 표현한 것이다. 그래서 至자는 대상이 어떠한 목표지점에 도달했다는 의미에서 '이르다', '도달하다' 라는 뜻을 갖게 되었다.

부수 모양 한자	至(이를 지), 致(이를 치), 臺(대 대)
활용단어	至高(지고), 理致(이치), 舞臺(무대)

至高至純 지고지순

더할 수 없이 높고 순수함.

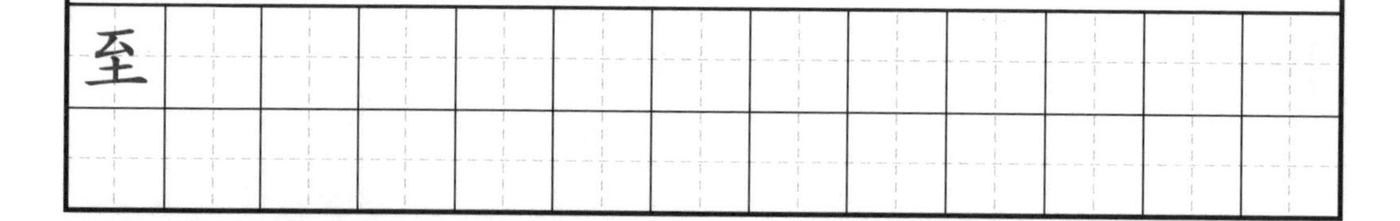

臼

절구 구

臼자는 절구의 입구와 그 속을 '확'이라 하는데 확을 본뜬 것으로 '절구'의 뜻을 가진 글자다. 양손을 아래로 뻗어 무언가를 감싸는 모습으로 보면 두 손을 위로 뻗고 있는 모습의 廾(받들 공)자 반대 형태다. 그래서 臼자는 學(배울 학)자처럼 '손'과 관련된 뜻을 전달하는 경우와 舀(퍼낼 요)자나 舂(찧을 용)자처럼 절구와 관련된 모양자 역할을 하는 방식으로 쓰인다.

부수 모양 한자	臼(절구 구), 舅(시아버지 구), 舊(예 구/옛 구), 興(일 흥)
활용단어	節臼(절구), 舅姑(구고), 親舊(친구), 興味(흥미)

井臼之役 정구지역

'물을 긷고 절구질하는 일'이라는 뜻으로, 살림살이의 수고로움을 이르는 말.

臼

舌

혀 설

舌자는 혀의 모양을 본뜬 것으로 '혀' 나 '말' 을 뜻하는 글자다. 갑골문에는 뱀이나 도마뱀의 혓바닥을 그렸는데 파충류 혀가 인상이 강했기 때문이다. 본래 '혓바닥' 을 뜻하기 위해 만든 글자였지만 본래의 의도와는 달리 실제로는 '말' 과 관련된 뜻으로 쓰이는 편이다. 게다가 다른 글자와 결합할 때도 주로 모양자로만 활용되고 있다.

부수 모양 한자	舌(혀 설), 舒(펼 서), 舍(집 사/버릴 사)
활용단어	舌戰(설전), 卷舒(권서), 客舍(객사)

舌芒於劍 설망어검

'혀가 칼보다 날카롭다.' 는 뜻으로, 논봉(論鋒)의 날카로움을 이르는 말.

舌

舛

어그러질 천

舛자는 양발을 서로 엇갈린 모습 또는 사람이 서로 등지고 있는 모양을 그린 것으로 '어그러지다' 나 '어지럽다' 라는 뜻을 가지고 있다. 부수로 쓰일 때는 단순히 '발' 이나 '발의 동작' 과 관련된 뜻을 전달하는 경우가 많기 때문에 꼭 '어그러지다' 로 해석할 필요는 없다.

부수 모양 한자	舛(어그러질 천), 舞(춤출 무)
활용단어	舛駁(천박), 舛誤(천오), 舞臺(무대), 舞踊(무용)

好約易舛 호약이천

좋은 약속은 쉽게 어그러짐.

舛

舟

배 주

舟자는 통나무배의 모양을 본뜬 것으로 '배' 나 '선박' 이라는 뜻을 가진 글자다. 배를 그린 한자이기 때문에 부수로 쓰일 때는 대부분 '배의 종류' 나 '옮기다', '움직이다' 와 같은 뜻을 전달한다. 특히 舟자와 丹(붉을 단)자는 비슷하므로 주의가 필요하다.

부수 모양 한자	舟(배 주), 船(배 선), 舶(배 박), 般(가지 반/일반 반), 艦(큰배 함), 艇(배 정)
활용단어	方舟(방주), 船舶(선박), 一般(일반), 艦艇(함정)

破釜沈舟 파부침주

'솥을 깨뜨리고 배를 가라앉힌다.' 는 뜻으로, 싸움터로 나가면서 살아 돌아오기를 바라지 않고 결전을 각오함을 이르는 말.

艮

괘이름 간

艮자는 허리를 굽힌 채 시선을 내리깔고 있는 사람을 그린 것으로 '어긋나다', '그치다', '한계' 라는 뜻을 가진 글자다. 艮자가 가지고 있는 '그치다' 나 '한계' 라는 뜻은 시선을 멀리하지 못하고 바닥을 내려다볼 수밖에 없다는 의미다. 艮자에 '어렵다', '가난하다' 는 뜻이 있는 것도 이들의 신분이 매우 낮음을 의미한다. 다른 글자와 결합할 때 '그치다', '한계' 의 의미를 전달한다.

부수 모양 한자	艮(괘이름 간), 良(어질 량), 艱(어려울 간)
활용단어	艮卦(간괘), 改良(개량), 艱窘(간군)

艮坐坤向 간좌곤향

풍수지리에서 묏자리나 집터 따위가 간방을 등지고 곤방을 바라보는 방향. 또는 그렇게 앉은 자리.

艮

色

빛 색

色자는 허리를 굽히고 있는 사람을 그린 것과 巴(꼬리 파)자가 결합한 것이다. 巴자는 '꼬리'라는 뜻을 가지고 있지만 본래는 손을 내뻗고 있는 사람을 그린 한자다. 갑골문에 나온 色자는 두 사람이 나란히 붙어 있는 모습으로 이성간 관계를 맺고 있는 모습을 표현한 것이다. 따라서 色자에 있는 '얼굴빛'이나 '정욕', '색채'라는 뜻도 여기에서 유래한 것임을 알 수 있다.

부수 모양 한자	色(빛 색), 艶(고울 염)
활용단어	色彩(색채), 染色(염색), 絶艶(절염)

色卽是空 색즉시공

이 세상에 형태가 있는 것은 모두 인연으로 생기는 것인데, 그 본질은 본래 허무한 존재임을 이르는 말.

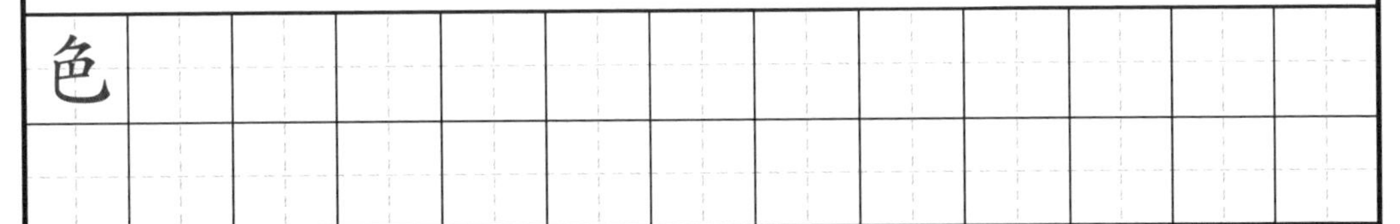

艸

풀 초(초두머리)(艹, 艹, ⺍)

艸(艹, 艹, ⺍)자는 많은 풀이 가지런히 나 있는 모양을 본뜬 것으로 '풀'이나 '잡초'라는 뜻을 가진 글자다. 갑골문의 艸자는 땅 위로 올라온 초목을 그린 것으로, 지금은 쓰이지 않는 屮(풀 초)자다. 같은 뜻을 가진 草자는 단독으로 '풀'을 뜻할 때만 쓰이며, 艸자는 풀과 관련된 부수 역할만 한다. 부수로 쓰일 때는 식물이나 식물의 성장 과정과 관련된 뜻을 전달한다.

부수 모양 한자	艸(풀 초), 葡(포도 포), 萄(포도 도), 蔡(성씨 채/풀 채), 蘇(되살아날 소)
활용단어	葡萄(포도), 蔡壽(채수), 蘇塗(소도)

石艸詩集 석초시집

신석초의 첫 번째 시집(詩集). 1946년에 간행되었음.

艸

호피 무늬 호(범호엄)

虍자는 호랑이의 모양을 본뜬 虎(호)에서 몸통과 발을 떼어내고 머리 부분만을 취한 글자다. 호랑이(범)가죽 무늬라는 뜻을 가지고 있으며 부수자로만 쓰이고 단독으로 쓰이지 않는다.

부수 모양 한자	虎(범 호), 虜(사로잡을 로), 虐(모질 학), 號(이름 호/부르짖을 호)
활용단어	虎皮(호피), 捕虜(포로), 虐待(학대), 記號(기호)

虎視眈眈 호시탐탐

'범이 먹이를 노린다.' 는 뜻으로, '기회를 노리며 형세를 살핌' 을 비유하는 말.

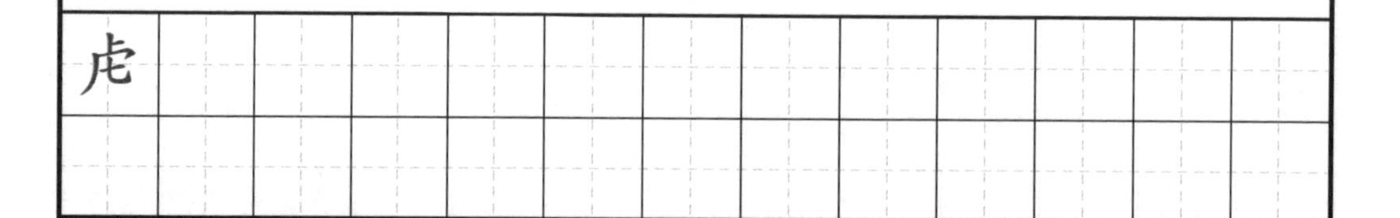

벌레 충/벌레 훼

虫자는 애벌레를 본떠 그린 것, 또는 뱀을 본떴다고도 한다. 蛇(뱀 사)자나 蜴(도마뱀 척)자처럼 '뱀' 과 관련된 부수로 쓰이기 때문에 뱀을 본뜬 것이라 하지만 글자 대부분은 '벌레' 와 관련된다. 주로 벌레와 관련된 부수자로 활용되기 때문에 단순히 '벌레' 를 뜻할 때는 蟲(벌레 충)자가 쓰인다.

부수 모양 한자	虫(벌레 충), 蟲(벌레 충), 蝕(좀먹을 식), 螳(사마귀 당), 蜜(꿀 밀), 蜂(벌 봉)
활용단어	昆蟲(곤충), 侵蝕(침식), 螳螂(당랑), 蜜蜂(밀봉)

鼠肝蟲臂 서간충비

'쥐의 간과 벌레의 팔' 이라는 뜻으로, 매우 쓸모없고 하찮은 것을 이르는 말.

虫												

血 피 혈	血자는 그릇(皿)에 핏방울이 떨어지는 모습을 그린 것으로 '피'나 '물들이다' 라는 뜻을 가진 글자다. 皿(그릇 명)자 위의 점은 '핏방울' 을 뜻한다. 고대에는 소나 양의 피를 그릇에 받아 신에게 바쳤기 때문에 血자는 당시 사람들이 쉽게 이해할 수 있었던 방식을 이용해 '피' 를 뜻하게 된 글자다.
부수 모양 한자	血(피 혈), 衆(무리 중), 衄(코피 뉵)
활용단어	血肉(혈육), 衆智(중지), 敗衄(패뉵)

血脈相通 혈맥상통

'혈맥이 서로 통(通)한다.' 는 뜻으로, 골육 관계나 뜻이 맞는 친구 사이를 이르는 말.

血

行 다닐 행/항렬 항	行자는 네 방향의 사거리를 그린 글자 또는 彳(척, 왼발 걷는 모양)과 亍(촉, 오른발 걷는 모양)의 합자라고 한다. 부수로 쓰일 때는 '길', '도로', '가다' 라는 뜻을 전달한다. 行자는 한쪽 부분이 생략된 彳(조금 걸을 척)자가 쓰일 때도 있는데, 이는 彳자 자체가 별도의 부수 역할을 하는 경우로 '가다' 라는 뜻을 전달한다. 行자가 '항렬' 이나 '줄' 이라는 뜻으로 쓰일 때는 '항' 으로 구분한다.
부수 모양 한자	行(다닐 행/항렬 항), 街(거리 가), 衛(지킬 위), 術(재주 술)
활용단어	行動(행동), 街頭(가두), 衛生(위생), 戰術(전술)

行方不明 행방불명

간 곳을 모름.

行

옷 의(衤)

衣(衤)자는 옷을 입고 깃을 여민 모양을 본뜬 것으로 '옷'이나 '입다'라는 뜻을 가진 글자다. 고대에는 상의는 衣로 하의는 裳(치마 상)으로 구분해 상의와 하의를 합친 '옷'을 의상(衣裳)이라 한다. 지금의 衣자는 이를 구분하지 않기 때문에 부수로 쓰일 때는 단순히 '옷'과 관련된 의미만 전달한다. 부수로 쓰일 때는 衤자로 바뀌기 때문에 示=礻(보일 시)자의 부수자와 혼동하지 않도록 주의한다.

부수 모양 한자	衣(옷 의), 袋(자루 대), 裏(속 리), 裙(치마 군), 複(겹칠 복)
활용단어	衣服(의복), 包袋(포대), 表裏(표리), 羅裙(나군), 複雜(복잡)

衣食爲本 의식위본

백성은 의식을 근본으로 삼음.

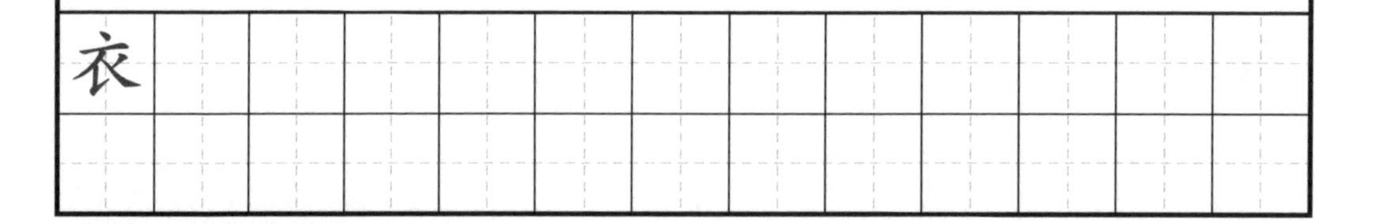

西

덮을 아(덮을아 머리)(覀)

襾(覀)자는 그릇의 뚜껑을 그린 것으로 '덮다'나 '가리어 덮다'라는 뜻을 가진 글자다. 의미상으로 冖(덮을 멱)자와 크게 다르지 않지만 실제 쓰임에서는 대부분 모양자 역할만 하고 부수로 쓰일 때는 覀자로 표기된다.

부수 모양 한자	西(서녘 서), 要(요긴할 요), 覆(다시 복)
활용단어	西洋(서양), 必要(필요), 覆水(복수)

西勢東漸 서세동점

서가 동으로 점점 세력을 넓힘.

襾

볼 견

見자는 目(눈 목)자와 儿(어진사람 인)자가 결합한 것으로 '보다' 라는 뜻을 가진 글자다. 갑골문에는 人(사람 인)자에 큰 눈이 그려져 있어 '보다' 라는 뜻을 표현했다. 한자에서는 目자가 주로 '눈' 과 관련된 뜻으로 쓰이며 見자는 '보다' 와 같이 행위에 주로 쓰인다. 見자의 기본 의미는 '보다' 이기 때문에 부수로 쓰일 때는 '보는 것' 이나 '보이는 것' 과 관련된 뜻을 전달한다.

부수 모양 한자	見(볼 견), 視(볼 시), 親(친할 친), 覺(깨달을 각)
활용단어	見解(견해), 視線(시선), 親舊(친구), 覺悟(각오)

見物生心 견물생심

'물건을 보면 욕심이 생긴다.' 는 뜻.

角

뿔 각

角자는 짐승의 뿔을 본뜬 것으로 '뿔', '모퉁이' 라는 뜻을 가진 글자다. 뿔은 다양한 용도로 활용되었기 때문에 角자에 '술잔' 이라는 뜻도 있다. 뿔은 머리에서 돌출된 형태여서 角자에는 '모나다', '각지다' 는 뜻이 생겼고 뿔로 힘겨루기를 한다는 의미에서 '겨루다' 나 '경쟁하다' 라는 뜻도 가지게 되었다. 角자와 결합하는 글자들은 대부분 '뿔의 용도' 나 '뿔의 동작' 과 관련된 의미를 전달한다.

부수 모양 한자	角(뿔 각), 解(풀 해), 觜(별 이름 자), 觸(닿을 촉)
활용단어	角度(각도), 解決(해결), 觜星(자성), 觸感(촉감)

角者無齒 각자무치

'뿔이 있는 놈은 이가 없다.' 는 뜻으로, 한 사람이 모든 복을 겸하지는 못함.

角

言

말씀 언(말씀언 변)

言자는 辛(신)과 口(구)를 합한 것으로 '말씀' 이나 '말' 이라는 뜻을 가진 글자다. 입에서 소리가 퍼져나가는 모습을 그렸다고도 하여 부수로 쓰일 때는 '말하다' 와 관계된 뜻을 전달한다.

부수 모양 한자	言(말씀 언), 許(허락할 허), 諾(허락할 락), 語(말씀 어), 論(논할 론)
활용단어	言語(언어), 許諾(허락), 論理(논리), 名譽(명예)

言行一致 언행일치

말과 행동이 같음. 말한 대로 행동함.

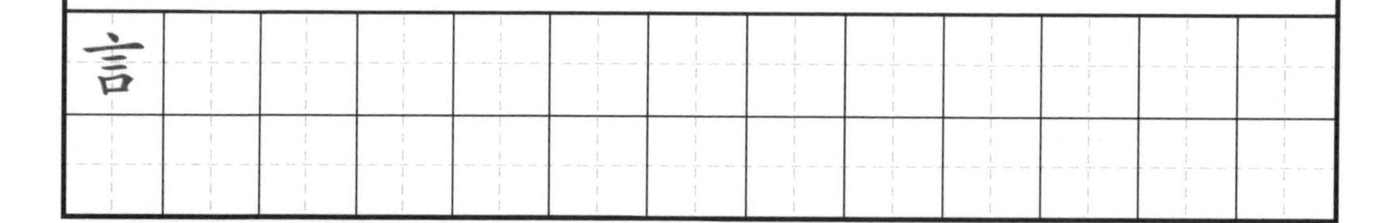

골 곡

谷자는 계곡 사이로 물이 흐르는 모습과 口(입 구)자를 합한 것으로 '골짜기' 를 뜻하는 글자다. 谷자에 쓰인 八(여덟 팔)자는 위에서 물이 흘러내리고 있음을 표현한 것일 뿐 숫자 '여덟' 과는 아무 관계가 없고, 口(입 구)자 역시 물이 흘러나가는 출구를 표현한 것에 불과하다.

부수 모양 한자	谷(골 곡), 谿(시내 계)
활용단어	深谷(심곡), 谿子(계자)

進退維谷 진퇴유곡

'앞으로도 뒤로도 나아가거나 물러서지 못하다.' 는 뜻으로, 궁지에 빠진 상태.

谷

豆

콩 두

豆자는 뚜껑(一)과 그릇(口)과 발(丷)로 이루어진 고기 담는 식기 모양을 본뜬 것으로 '콩' 이나 '제기' 라는 뜻을 가진 글자다. 갑골문에는 제기 그릇이 그려져 있고 콩을 주로 담았기에 한나라 때부터 '콩' 이라는 뜻으로 가차되었다. 豆자가 제기 그릇을 그려 다른 글자와 결합할 때는 '제기', '제사' 와 관련된 뜻을 전달한다. 鼓(북 고)자처럼 일부 글자에서 모양자 역할을 한다.

부수 모양 한자	豆(콩 두), 豌(완두 완), 豈(어찌 기)
활용단어	豆腐(두부), 豌豆(완두), 豈敢(기감)

種豆得豆 종두득두

'콩을 심어 콩을 얻는다.' 는 뜻으로, 원인에 따라 결과가 생긴다는 말.

豆

豕

돼지 시

豕자는 돼지의 머리와 네 다리와 꼬리의 모양을 본뜬 글자다. 돼지는 짧은 기간에 많은 새끼를 낳고 기후나 풍토에도 잘 적응하기 때문에 인류가 가장 선호하는 가축이기도 하다. 중국에서는 肉(고기 육)자만으로도 돼지고기를 뜻하고 있다. 한자에는 돼지와 관련된 글자가 많은데 豕자도 그러한 글자 중 하나로 다른 글자와 결합할 때는 돼지나 몸집이 큰 동물과 관련된 뜻을 전달하고 있다.

부수 모양 한자	豕(돼지 시), 豚(돼지 돈), 象(코끼리 상), 猪(돼지 저)
활용단어	豕牢(시뢰), 養豚(양돈), 象徵(상징), 猪毛(저모)

魚豕之惑 어시지혹

'글자가 잘못 쓰였다.' 는 뜻으로, 여러 번 옮겨 쓰면 반드시 오자(誤字)가 생긴다는 말.

豕

갖은돼지 시/갖은개사슴록변

豸자는 고양이 등이 몸을 웅크리고 등을 굽혀 먹이에 덮치려는 모양을 본뜬 것으로 '벌레'나 '해태'라는 뜻을 가진 글자다. '벌레'를 뜻할 때는 '치'라 하고 '해태'라고 할 때는 '채'나 '태'로 발음한다. 원래는 '벌레'라는 뜻이 있지만, 고양이나 표범, 호랑이와 같은 고양잇과 동물과 관련된 글자를 만들 때 쓰이는 것으로 알려져 있다. 그러나 실제로 犭(개 견)자가 주로 쓰여 豸자는 쓰임이 많지 않다.

부수 모양 한자	豸(갖은돼지 시), 貌(모양 모), 豹(표범 표), 豺(승냥이 시), 貊(맥국 맥)
활용단어	獬豸(해치), 變貌(변모), 豹皮(표피)

貌合心離 모합심리

교제(交際)하는 데 겉으로만 친한 척할 뿐이고 마음은 딴 데 있음.

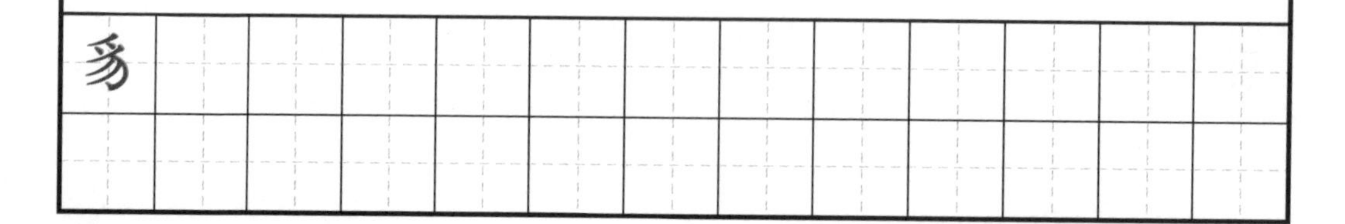

貝

조개 패

貝자는 껍질이 벌어진 조개를 그린 것으로 한때 중국에서는 마노 조개를 화폐 대용으로 사용했기 때문에 '재물'이나 '화폐'와 관련된 뜻을 갖게 되었다. 부수로 쓰일 때는 '조개'보다는 화폐나 재물과 관련된 뜻을 전달한다. 그러나 때로는 貞(곧을 정)자나 則(법칙 칙)자와 같이 鼎(솥 정)자가 貝자로 쓰이는 경우가 있어 해석에 주의해야 한다.

부수 모양 한자	貝(조개 패), 財(재물 재), 賣(팔 매), 買(살 매), 貨(재물 화), 貪(탐낼 탐), 貢(바칠 공)
활용단어	貝物(패물), 財産(재산), 賣買(매매), 貨幣(화폐)

金銀寶貝 금은보패

'금은보배'의 원말. 금, 은, 옥, 진주 따위의 매우 귀중한 물건.

貝

赤

붉을 적

赤자는 大(큰 대)자와 火(불 화)자가 결합한 것으로 '붉다', '비다', '멸하다'는 뜻을 가진 글자다. 지금의 赤자에서는 大자와 火자를 알아보기 어렵지만, 갑골문에는 불 위에 사람이 그려져 있었다. 따라서 赤자는 사람과 불을 함께 그린 한자로 '붉다'나 '멸하다'라는 뜻으로 쓰이고 있다.

부수 모양 한자	赤(붉을 적), 赦(용서할 사), 赫(빛날 혁)
활용단어	赤色(적색), 赦罪(사죄), 赫然(혁연)

赤手空拳 적수공권

'맨손과 맨주먹'이란 뜻으로, 곧 아무것도 가진 것이 없음.

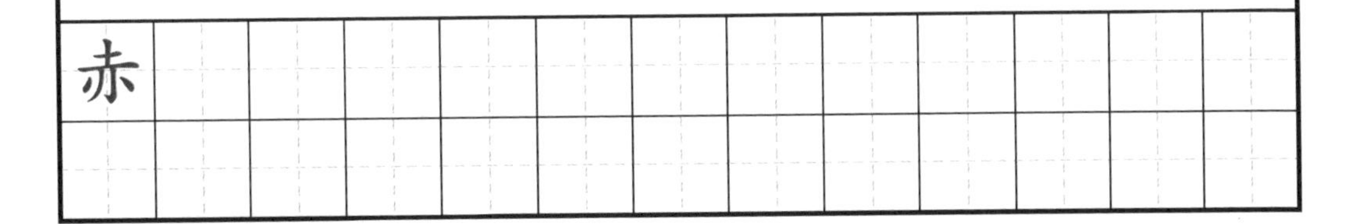

走

달릴 주

走자는 土(흙 토)자와 止(발 지)자가 결합한 것으로 '달리다'나 '달아나다'라는 뜻을 가진 글자다. 갑골문에는 양팔을 휘두르며 달리는 사람이 그려져 있는데 금문에서는 발아래에 止자가 더해지면서 '달리다'라는 뜻을 좀 더 명확하게 표현하고 있다. 走자는 달리는 모습을 그린 한자이기 때문에 다른 글자와 결합할 때는 '달리다'나 '뛰다'라는 뜻을 전달한다.

부수 모양 한자	走(달릴 주), 起(일어날 기), 趙(나라 조), 越(넘을 월), 超(뛰어넘을 초)
활용단어	走行(주행), 起床(기상), 趙高(조고), 超越(초월)

走馬看山 주마간산

'말을 타고 달리면서 산을 바라본다.'는 뜻으로, 바빠서 자세히 살펴보지 않고 대강 보고 지나감을 이름.

走

발 족(발족변)(⻊)

足(⻊)자는 무릎에서 발끝까지의 모양을 본뜬 글자로 '발' 이나 '뿌리', '만족하다' 라는 뜻을 가진 글자다. 正(바를 정)자와 같은 글자였으나 금문에서부터 글자가 분리되면서 正자는 '바르다' 나 '정복하다' 를 뜻하게 되었고, 지금은 단순히 '발' 과 관련된 뜻을 표현하게 되었다. 부수로 쓰일 때는 대부분 '발의 동작' 이나 '가다' 라는 뜻을 전달한다.

부수 모양 한자	足(발 족), 路(길 로), 距(상거할 거), 踊(뛸 용), 跳(뛸 도), 踏(밟을 답)
활용단어	滿足(만족), 行路(행로), 蹇士(건사), 跳梁(도량), 踏襲(답습)

足且足矣 족차족의

흡족하게 아주 넉넉함.

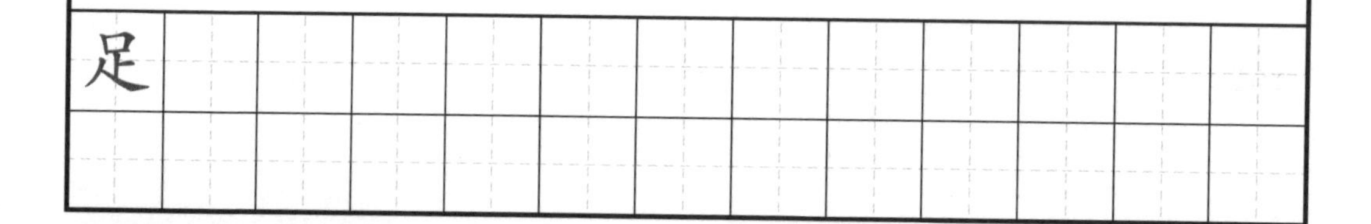

身

몸 신

身자는 아기를 가진 여자의 모습을 본뜬 것, 또는 人과 申을 합한 것으로 '몸' 이나 '신체' 를 뜻하는 글자다. 갑골문에는 배가 볼록한 임신한 여자가 그려져 있어 본래 의미는 '임신하다' 였다. 身자에 아직도 '(아이를)배다' 라는 뜻이 있는 것도 바로 이 때문이다. 이렇게 임신으로 배가 부른 여자를 그린 身자는 후에 '몸의 상태' 나 '몸' 이라는 뜻으로 쓰이게 되었다.

부수 모양 한자	身(몸 신), 軀(몸 구), 躬(몸 궁)
활용단어	身體(신체), 巨軀(거구), 鞠躬(국궁)

身土不二 신토불이

'몸과 태어난 땅은 하나' 라는 뜻으로, 제 땅에서 산출된 것이라야 체질에 잘 맞는다는 말.

身

車

수레 거/수레 차

車자는 물건이나 사람을 싣고 다니던 '수레'를 본뜬 것으로 '수레'나 '수레바퀴'라는 뜻을 가진 글자다. 수레는 무거운 짐이나 사람을 쉽게 이동시키는 수단이기 때문에 획기적인 발명품이었다. 부수로 쓰일 때는 '수레'나 '전차'와 관련된 의미를 전달하고, '차'와 '거'라는 두 가지 발음이 있다.

부수 모양 한자	車(수레 거/수레 차), 輕(가벼울 경), 軍(군사 군), 輛(수레 량), 輯(모을 집)
활용단어	車輛(차량), 輕率(경솔), 軍隊(군대), 軌轍(궤철)

車載斗量 거재두량

'수레에 싣고 말(斗)로 될 수 있을 정도'라는 뜻으로, 인재나 물건이 아주 많음을 비유함.

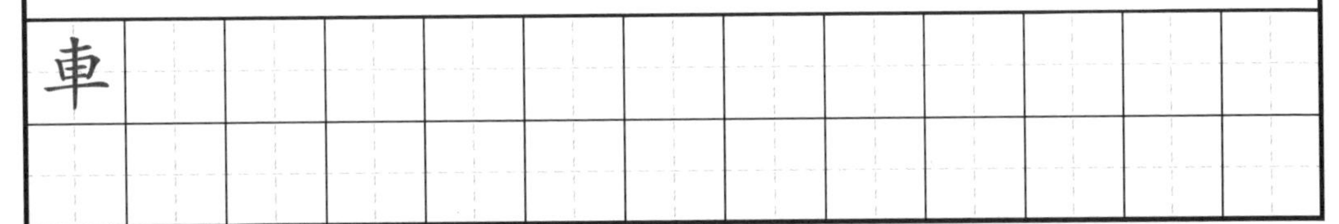

辛

매울 신

辛자는 죄인의 이마에 먹실을 넣는 바늘의 모양을 본뜬 것으로 '맵다'나 '고생하다', '괴롭다'라는 뜻을 가진 글자다. 지금은 '맵다'를 뜻하지만 고대에는 '고생하다'나 '괴롭다'라는 뜻으로 쓰였다. 다른 글자와 결합할 때는 단순히 '노예'와 관련된 뜻을 전달한다.

부수 모양 한자	辛(매울 신), 辭(말씀 사), 辨(분별할 변/갖출 판)
활용단어	辛勝(신승), 辭典(사전), 辨明(변명)

千辛萬苦 천신만고

'천 가지 매운 것과 만 가지 쓴 것'이라는 뜻으로, 온갖 어려운 고비를 다 겪으며 심하게 고생함을 이르는 말.

辛

별 진

辰자는 조개가 껍데기에서 발을 내밀고 있는 모양을 본뜬 것으로 '별'이나 '새벽', '아침'이라는 뜻을 가진 글자다. 갑골문에 나온 辰자는 농기구의 일종을 그린 것으로 '농사'를 뜻하는 農(농사 농)자에 辰자가 쓰인 것도 이것이 밭을 갈던 농기구를 그린 한자이기 때문이다. 음을 가차하여 십이지의 다섯째 글자로 용을 뜻하기도 한다.

부수 모양 한자	辰(별 진), 辱(욕될 욕), 農(농사 농)
활용단어	星辰(성신), 雪辱(설욕), 農事(농사)

辰宿列張 진수열장

성좌(星座)가 해, 달과 같이 하늘에 넓게 벌려져 있음을 말함.

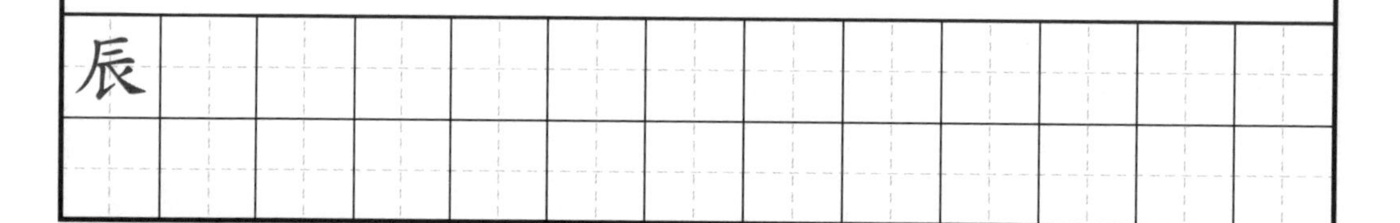

책받침/쉬엄쉬엄갈 착(辶)

辵(辶)자는 彳(조금 걸을 척)자와 止(발 지)자가 결합한 것으로 '쉬엄쉬엄 가다'나 '달리다', '뛰어넘다'라는 뜻을 가진 글자다. 辵자가 부수로 쓰인 글자 대부분은 단순히 '길을 가다'라는 뜻만을 전달하고 있다. 부수로 쓰일 때는 辶자로 바뀌니 주의해야 한다.

부수 모양 한자	近(가까울 근), 造(지을 조), 道(길 도), 選(가릴 선), 邊(가 변), 迎(맞을 영)
활용단어	近況(근황), 造成(조성), 道理(도리), 選擇(선택), 邊方(변방)

近墨者黑 근묵자흑

'먹을 가까이하면 검어진다.'는 뜻으로, 나쁜 사람을 가까이하면 그 버릇에 물들기 쉽다는 말.

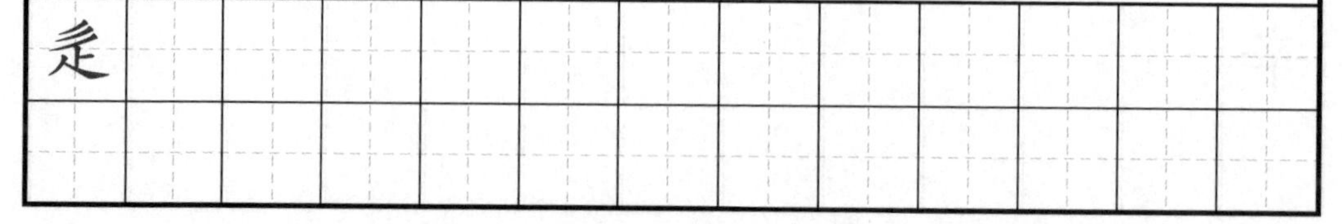

고을 읍(우부방)(⻏)

邑(⻏)자는 囗(에워쌀 위)자와 巴(꼬리 파)자가 결합한 것으로 '고을', '마을' 이라는 뜻을 가진 글자다. '성(城)' 이나 '지역' 을 표현한 한자이며, 성안에 사람들이 모여 살고 있다는 뜻으로 만들어졌다. 부수로 쓰일 때는 '성' 이나 '도읍' 의 뜻을 전달하며 모양이 ⻏자로 바뀌게 된다. 글자의 우측에 있을 때만 邑자가 바뀐 것이고 좌측에 있으면 阜(언덕 부)자의 부수다.

부수 모양 한자	邑(고을 읍), 郡(고을 군), 部(떼 부/거느릴 부), 鄕(시골 향), 邱(언덕 구)
활용단어	邑里(읍리), 郡廳(군청), 部首(부수), 鄕愁(향수)

邑犬群吠 읍견군폐

'고을 개가 무리지어 짖는다.' 는 뜻으로, 소인(小人)들이 남을 비방함을 이르는 말.

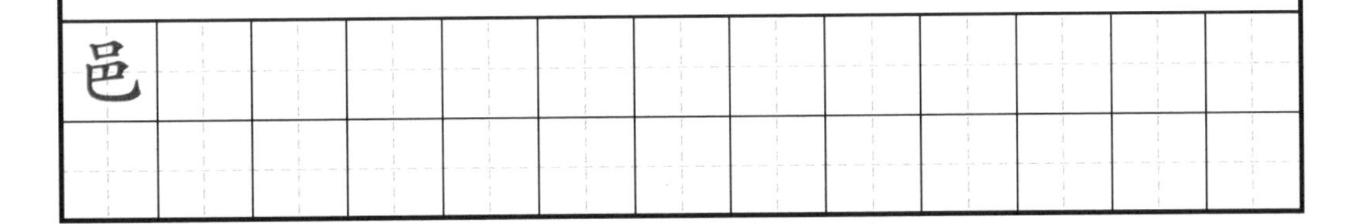

邑

西

닭 유

酉자는 '술병' 이나 '술 항아리' 를 그린 것으로 '닭' 이나 '술' 이라는 뜻을 가진 글자다. 酉자에 '닭' 이라는 뜻이 있는 것은 십이지(十二支)의 열째 글자로 쓰이고 있기 때문이다. 酉자는 '술' 과 관련된 의미를 전달하는데 술은 일정 시간의 숙성과정을 거쳐야 만들어지므로 부수로 쓰일 때는 '술' 외에도 '발효', '성숙', '노숙' 의 뜻을 전달하기도 한다.

부수 모양 한자	酉(닭 유), 酒(술 주), 醉(취할 취), 醫(의원 의), 酋(우두머리 추), 配(나눌 배)
활용단어	飮酒(음주), 心醉(심취), 醫師(의사)

酉坐卯向 유좌묘향

유방(酉方)을 등지고 묘방(卯方)을 향한 좌향. 곧, 서쪽에서 동쪽으로 향한 좌향.

酉

분변할 **변**

釆자는 짐승의 발자국 모양을 본뜬 것으로 발자국으로 짐승을 알아낸다는 데서 '분별하다' 나 '구분하다' 라는 뜻을 가진 글자다. 釆자는 소전에서부터 田(밭 전)자가 더해진 番(차례 번)자를 파생시켰는데, 이것은 짐승의 발자국이 밭에 찍혀 있는 모습을 표현한 것이다. 釆자와 番자가 '발자국' 과 관련된 뜻으로 쓰이고 있다.

부수 모양 한자	釆(분변할 변), 采(풍채 채/캘 채), 釋(풀 석)
활용단어	采蔬(채소), 采取(채취), 釋放(석방), 稀釋(희석)

采色不定 채색부정

'풍채와 안색이 일정하지 않는다.' 는 뜻으로, 금방 기뻐했다 금방 화냈다 함을 이르는 말.

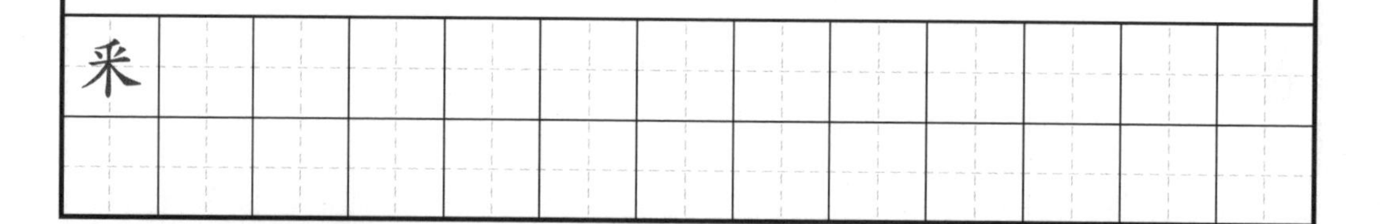

里

마을 **리**

里자는 田(밭 전)자와 土(흙 토)자가 결합한 모습으로 '마을' 이나 '인근', '거리를 재는 단위' 로 쓰이는 글자다. 밭과 흙이 있어 농사를 지을 수 있는 곳이니 사람들이 모여 살게 되어 里자는 '마을' 이라는 뜻을 갖게 되었다. 거리를 재는 단위로 사용되어 부수로 쓰일 때는 '마을' 이나 '거리' 라는 의미를 함께 전달하기도 한다. 상용한자에서는 주로 발음이나 모양자 역할을 하고 있다.

부수 모양 한자	里(마을 리), 野(들 야), 量(헤아릴 량), 重(무거울 중)
활용단어	千里(천리), 野望(야망), 測量(측량), 重要(중요)

一日千里 일일천리

'하루에 천 리를 달린다.' 는 뜻으로, 말이 매우 빨리 달림을 이르는 말.

里

金 쇠 금(쇠금변)

金(釒)자는 쇠붙이를 본뜬 것으로 '금속' 이나 '화폐' 라는 뜻을 가진 글자다. 금문에 나온 金자를 보면 상단에는 뜨거운 열기가 빠져나가는 연통과 아래로는 불을 피우던 가마가 묘사되어 있다. 따라서 金자가 부수로 쓰일 때는 '금속' 이나 금속으로 만들어진 물건과 관련된 의미를 전달한다.

부수 모양 한자	金(쇠 금), 銀(은 은), 銅(구리 동), 釜(가마 부), 鑿(뚫을 착), 釣(낚을 조)
활용단어	金銀(금은), 銅像(동상), 釜山(부산), 掘鑿(굴착)

金科玉條 금과옥조

'금옥(金玉)과 같은 법률' 이라는 뜻으로, 소중히 여기고 지켜야 할 규칙이나 교훈.

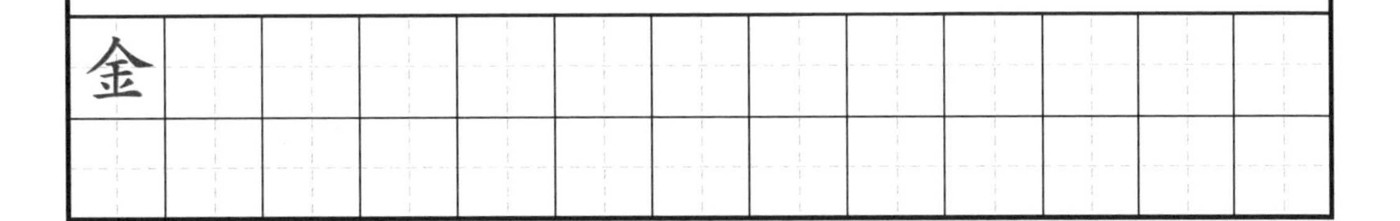

長 길 장

長(镸)자는 머리칼이 긴 노인을 그린 것으로 '길다' 나 '어른' 이라는 뜻을 가진 글자다. 백발이 휘날리는 노인을 그린 한자이기 때문에 후에 '어른', '우두머리' 라는 뜻도 파생되었다. 부수로 지정되어 있기는 하지만 상용한자에서는 관련된 글자가 없다. 張(베풀 장)자나 帳(휘장 장)자에 長자가 쓰이는데 부수로 지정된 것은 아니다.

부수 모양 한자	長(길 장)
활용단어	長江(장강), 長壽(장수), 長短(장단), 長點(장점)

長江大海 장강대해

길고 큰 강(江)과 크고 넓은 바다.

長

門

문 문

門자는 두 개의 문짝이 있는 문의 모양을 본뜬 것으로 '문' 이나 '집안', '전문' 이라는 뜻을 가진 글자다. 戶(지게 호)자가 방으로 들어가는 외닫이 문을 그린 것이라면 門자는 집으로 들어가는 큰 대문을 그린 것이어서 '문' 이라는 뜻을 갖게 되었고, '집안' 이나 '문벌' 과 같이 혈연으로 나뉜 집안을 일컫기도 한다. 부수로 쓰일 때는 주로 문과 관련된 행위나 동작과 관련된 뜻을 전달한다.

부수 모양 한자	門(문 문), 問(물을 문), 聞(들을 문), 關(관계할 관), 閉(닫을 폐), 開(열 개)
활용단어	問答(문답), 所聞(소문), 關心(관심), 開閉(개폐)

門前成市 문전성시

'대문 앞이 저자를 이룬다.' 는 뜻으로, 세도가나 부잣집 문 앞이 방문객으로 저자를 이루다시피 함을 이르는 말.

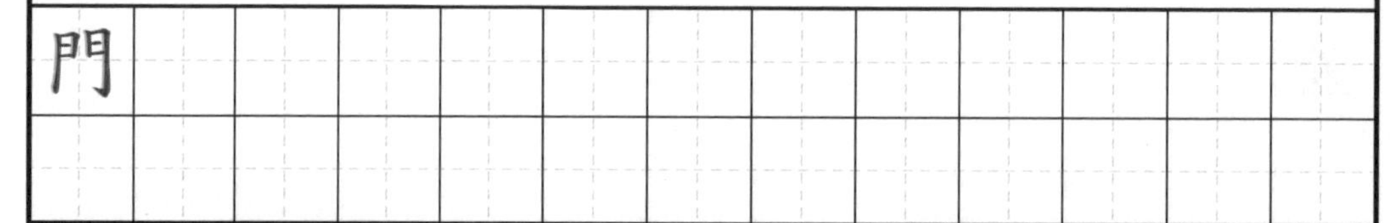

阜

언덕 부(좌부변)

阜(阝)자는 흙이 쌓여 있는 언덕을 그린 것으로 '언덕' 이나 '크다', '높다' 라는 뜻을 가진 글자다. 갑골문에는 긴 획 옆으로 흙더미가 쌓여 있는 모습이 그려져 있어 '언덕' 이라는 뜻을 갖지만, 부수로 쓰일 때는 '높다' 나 '크다' 와 같은 뜻을 전달한다. 주로 부수 역할만 하며 좌측에 위치할 때는 阝로 바뀐다. 우측에 위치할 때는 邑(고을 읍)자가 변형된 것이다.

부수 모양 한자	阜(언덕 부), 防(막을 방), 院(집 원), 隊(무리 대), 隣(이웃 린), 阪(언덕 판)
활용단어	防疫(방역), 病院(병원), 軍隊(군대), 交隣(교린)

奄宅曲阜 엄택곡부

주공이 큰 공이 있어 백금을 노나라에 봉건한 후 곡부에 궁전을 세움.

阜

隶 미칠 이	隶자는 손으로 꼬리를 붙잡는 모양을 본뜬 것으로 '미치다', '닿다' 라는 뜻을 가진 글자다. 隶자에서 말하는 '미치다' 는 어떠한 부분에 '다다른다' 라는 뜻이다. 금문에는 꼬리를 붙잡은 모습이 그려져 있는데 짐승을 뒤쫓아 붙잡았다는 뜻을 표현한 것이다. 상용한자에서는 관련된 글자가 매우 적다.
부수 모양 한자	隶(미칠 이), 隷(종 례)
활용단어	直隷(직례), 官隷(관례), 賤隷(천례)

兩班徒隷 양반도례

동반(東班)과 서반(西班)에 딸린 도례.

隶												

隹 새 추	隹자는 꼬리가 짧은 새를 본뜬 것으로 '새' 나 '높다' 라는 뜻을 가진 글자다. 갑골문에는 새의 머리와 날개, 꼬리가 함께 그려져 있는데 주변에서 흔히 볼 수 있는 작은 새를 표현했다. 사전적으로는 '꽁지가 짧은 새' 로 정의하고 있지만 실제 쓰임에서는 명확히 구분하지 않는 경우가 많다. 다른 글자와 결합해 새의 특성이나 종류와 같이 새와 관련된 의미를 전달한다.
부수 모양 한자	隹(새 추), 雄(수컷 웅), 集(모을 집), 雙(두 쌍), 離(떠날 리), 雜(섞일 잡)
활용단어	英雄(영웅), 雲集(운집), 雙雙(쌍쌍), 離心(이심)

英雄之材 영웅지재

영웅이 될 만한 자질을 가진 사람.

隹												

雨

비 우

雨( )자는 하늘에서 물방울이 떨어지는 모양을 본뜬 것으로 비 또는 구름, 기타 날씨와 관련된 뜻을 가진 글자다. 갑골문에 나온 雨자는 하늘에 획이 하나 그려져 있고 그 아래로 점이 찍혀 있어 구름 아래로 빗방울이 떨어지는 모습을 표현했다. 부수로 쓰일 때는 대부분 날씨나 기상 현상과 관련된 의미를 전달한다.

부수 모양 한자	雨(비 우), 雪(눈 설), 電(번개 전), 露(이슬 로), 霜(서리 상), 霧(안개 무), 雲(구름 운)
활용단어	雨雪(우설), 結露(결로), 風霜(풍상), 雲霧(운무)

雨順風調 우순풍조

바람 불고 비오는 것이 때와 분량이 알맞음.

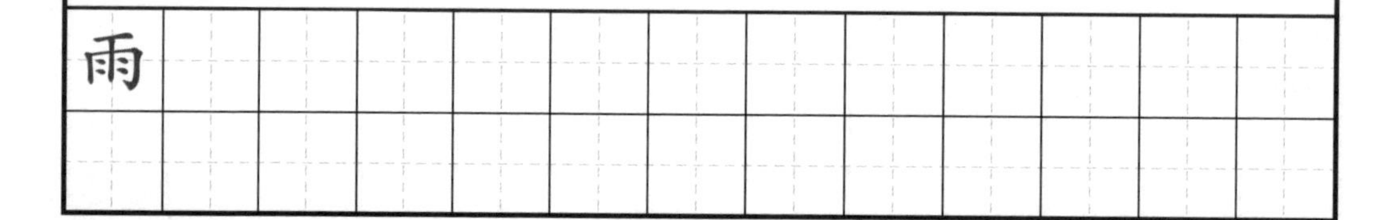

青

푸를 청

青자는 生(날 생)자와 井(우물 정)자가 결합한 모습으로 '푸르다'나 '젊다', '고요하다'라는 뜻을 가진 글자로 풀이하기도 한다. 부수로 쓰일 때는 '푸르다'라는 뜻을 전달하기 때문에 푸름에 비유해 '젊다'라는 뜻으로 쓰이기도 한다.

부수 모양 한자	青(푸를 청), 靜(고요할 정), 靖(편안할 정)
활용단어	青松(청송), 靜肅(정숙), 安靖(안정)

青出於藍 청출어람

'푸른색이 쪽에서 나왔으나 쪽보다 더 푸르다.'는 뜻으로, 제자가 스승보다 나은 것을 비유하는 말.

青

非

아닐 비

非자는 새의 양쪽 날개를 펼쳐서 움직이는 모양을 본뜬 것으로 '아니다', '그르다' 라는 뜻을 가진 글자다. 갑골문에는 새의 양 날개가 그려져 있어 본래 의미는 '날다' 였다. 하지만 후에 새의 날개가 서로 엇갈려 있는 모습에서 '등지다' 라는 뜻이 파생되면서 지금은 '배반하다' 나 '아니다' 라는 뜻으로 쓰이고 있다. 飛(날 비)자가 날다의 뜻을 대신하고 있다.

부수 모양 한자	非(아닐 비), 靠(기댈 고), 靟(가는 털 비), 靡(쓰러질 미)
활용단어	非常(비상), 非難(비난), 風靡(풍미)

非一非再 비일비재

'같은 일이 한두 번이 아니다.' 라는 뜻으로, 한둘이 아님.

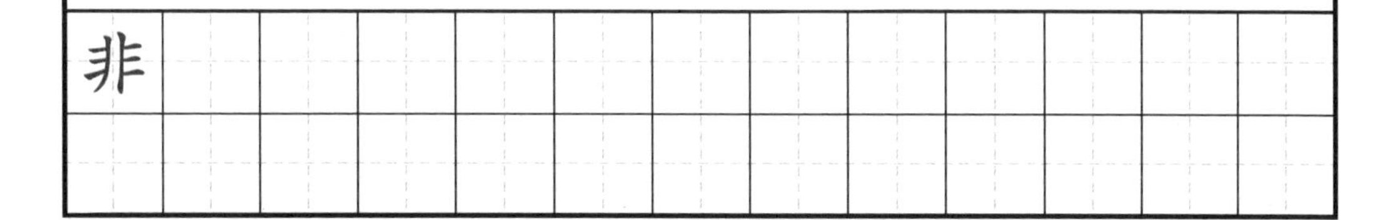

낯 면

面자는 사람의 얼굴 전체와 눈을 특징 지어서 본뜬 것으로 '얼굴' 이나 '평면' 이라는 뜻을 가진 글자다. 갑골문의 面자는 길쭉한 타원형 안에 눈만 하나 그려져 있는데 얼굴을 표현한 것이나 '표정' 이나 '겉모습' 이라는 뜻으로도 쓰인다.

부수 모양 한자	面(낯 면), 靤(여드름 포), 靨(보조개 엽)
활용단어	面目(면목), 四面(사면), 面接(면접), 羊靨(양엽)

面從腹背 면종복배

겉으로는 순종하는 체하고 속으로는 딴마음을 먹음.

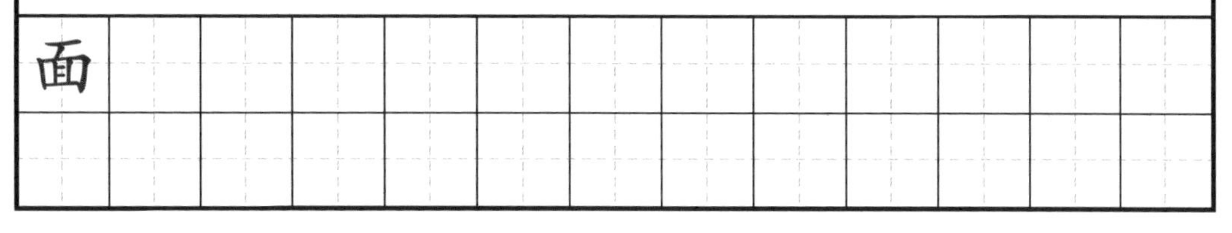

革 가죽 혁	革자는 가죽을 손으로 벗기고 있는 모양을 본뜬 것으로 '가죽'이나 '펴다', '고치다'라는 뜻을 가진 글자다. 예로부터 동물의 가죽은 옷이나 신발을 만드는 재료로 쓰였기 때문에 革자는 필요에 맞게 사용하기 위해 가죽을 펴고 무두질을 하는 모습을 그렸다고 볼 수 있다. 革자가 皮(가죽 피)자와 구별되는 것은 가공단계의 가죽을 그린 것이어서 '펴다'나 '고치다'의 뜻도 파생되었다.
부수 모양 한자	革(가죽 혁), 靭(가슴걸이 인), 靴(신 화), 鞠(공 국), 鞏(굳을 공)
활용단어	革新(혁신), 發靭(발인), 製靴(제화), 鞏固(공고)

金革之世 금혁지세

전란(戰亂)이 끊이지 않는 어지러운 세상.

革

韋 가죽 위	韋자는 성(城) 주위를 맴도는 발자국을 그린 것으로 '가죽'이나 '다룸가죽', '둘레', '에워싸다'라는 뜻을 가진 글자다. 초기 韋자는 성 주위를 경계한다고 하여 '에워싸다', '둘레'의 뜻을 갖게 되었으나 후에 동물의 가죽을 펼쳐 가공한다는 의미에서 '가죽'을 뜻하게 되자 지금은 口자가 더해진 圍(둘레 위)자가 뜻을 대신하고 있다. 부수로 쓰일 때는 '에워싸다', '둘레'와 관련된 뜻을 전달한다.
부수 모양 한자	韋(가죽 위), 韓(한국 한), 韜(감출 도)
활용단어	韋編(위편), 韓國(한국), 韜藉(도자)

韋編三絕 위편삼절

한 권의 책을 몇 십 번이나 되풀이해서 읽음을 비유하는 말.

韋

韭

부추 구

韭자는 땅 위에 무리지어 나 있는 부추의 모양을 본뜬 것으로 '부추' 라는 뜻을 가진 글자다. 非(아닐 비)자와 一(한 일)자가 결합한 모습을 하고 있지만 단순히 부추를 표현했다. 부수로 지정되어 있지만 쓰이는 경우는 거의 없다.

부수 모양 한자	韭(부추 구), 韮(부추 구)
활용단어	韭菜(구채), 韭菹(구저), 愛韮(애구)

懲羹吹韮 징갱취구

한 번 크 게 혼이 난 뒤에는 그와 조금만 비슷한 경우를 당하여도 공연히 겁을 낸다는 의미로 '국에 덴 놈 부추나물 보고도 분다' 는 속담을 나타냄.

音

소리 음

音자는 言(말씀 언)과 一(한 일)을 더한 모양으로 '소리' 나 '말', '음악' 이라는 뜻을 가진 글자다. 音자에 '말' 이라는 뜻이 있는 것은 言(말씀 언)자와 같은 문자에서 출발했기 때문이다. 입에서 소리가 퍼져나가는 모습을 표현한 한자이기 때문에 다른 글자와 결합할 때는 '소리' 와 관련된 뜻을 전달한다. 부수로 사용될 때는 음이나 음성, 음악의 뜻을 나타낸다.

부수 모양 한자	音(소리 음), 韻(운 운), 響(울릴 향), 護(구할 호)
활용단어	音樂(음악), 韻律(운율), 影響(영향), 應護(응호)

音信不通 음신불통

소식이 서로 통하지 아니함.

音

頁

머리 혈

頁자는 사람이 쪼그리고 앉아 있는 모습을 본뜬 글자로 사람의 '머리'를 뜻하는 글자다. '머리'라는 뜻을 갖고는 있지만, 사람의 머리와 눈, 다리가 함께 그려져 있다. 사람의 머리를 강조해 그린 한자이기 때문에 다른 글자와 결합할 때도 대부분은 '머리'나 '얼굴'과 관련된 의미를 전달한다. 단독으로 쓰이기보다는 다른 글자와 결합하여 '머리'와 관련된 뜻을 나타낸다.

부수 모양 한자	頁(머리 혈), 頃(이랑 경), 領(거느릴 령), 頂(정수리 정), 順(순할 순)
활용단어	頃刻(경각), 要領(요령), 順序(순서), 顯著(현저)

石油頁巖 석유혈암

함유셰일. 석탄 · 석유가 나오는 지역에 널리 분포하는 검은 회색 또는 갈색의 수성암.

바람 풍

風자는 무릇(凡) 태풍이 지나간 다음에는 병충(虫)이 많이 번식한다는 뜻을 합하여 만든 것으로 '바람'을 나타내는 글자다. 고대인들은 봉황의 날갯짓으로 바람이 만들어진다고 생각했기 때문에 風자가 '봉황'과 '바람'으로 혼용되기도 했다. 하지만 이를 구분하기 위해 凡(무릇 범)자에 鳥(새 조)자가 결합한 鳳자가 '봉황새'를 뜻하게 되었고 바람은 凡자에 虫(벌레 충)자가 더해진 風자로 분리되었다.

부수 모양 한자	風(바람 풍), 颱(태풍 태), 飄(나부낄 표)
활용단어	風向(풍향), 颱風(태풍), 飄然(표연)

風前燈火 풍전등화

'바람 앞의 등불'이란 뜻으로, 사물이 오래 견디지 못하고 매우 위급한 자리에 놓여 있음을 가리키는 말.

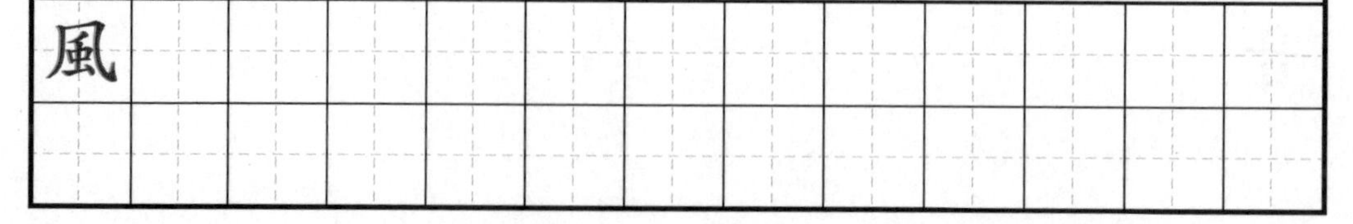

날 비

飛자는 새가 두 날개를 펴고 높이 나는 모양을 본뜬 것으로 '날다' 나 '오르다', '빠르다' 라는 뜻을 가진 글자다. 본래 '날다' 를 뜻하기 위해 만들었던 非(아닐 비)자가 '아니다' 라는 뜻으로 가차(假借)되면서 새로이 만들어진 글자다.

부수 모양 한자	飛(날 비), 飜(번역할 번/날 번)
활용단어	飛行(비행), 飛躍(비약), 飜譯(번역)

飛龍在天 비룡재천

성인(聖人)이나 영웅(英雄)이 가장 높은 지위에 올라 있음을 비유하는 말.

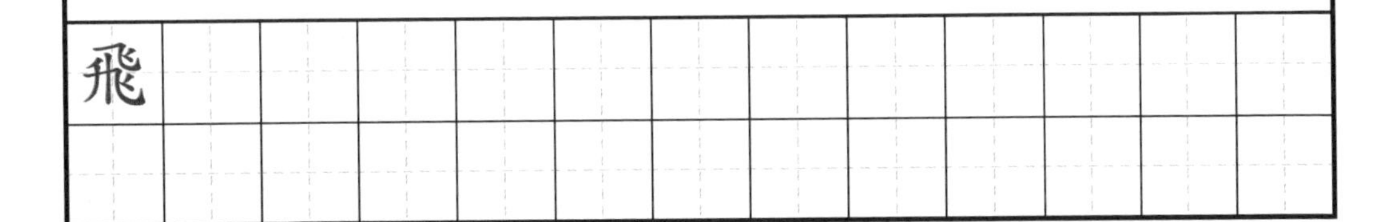

食 밥 식(飠)

食(飠)자는 음식을 담는 식기를 그린 것으로 '밥' 이나 '음식', '먹다' 라는 뜻을 가진 글자다. 갑골문에는 음식을 담는 식기와 뚜껑이 함께 그려져 있어 '밥' 이나 '음식', '먹다' 라는 뜻을 갖게 되었다. 그래서 食자가 부수로 쓰일 때도 대부분 '음식' 이나 먹는 동작과 관련된 뜻을 전달하나 '먹이다' 는 뜻으로 쓰일 때에는 '사' 로 읽는다. 부수로 쓰일 때는 飠자로 바뀐다.

부수 모양 한자	食(밥 식), 飢(주릴 기), 飮(마실 음), 養(기를 양), 餐(밥 찬), 飯(밥 반), 餘(남을 여)
활용단어	食事(식사), 飢兒(기아), 飮料(음료), 養成(양성)

食以爲天 식이위천

'먹는 것으로 하늘을 삼는다.' 는 뜻으로, 사람이 살아가는 데 먹는 것이 가장 중요하다는 말.

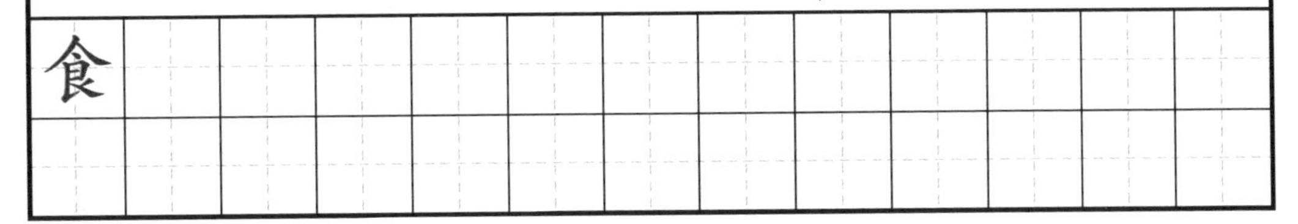

首

머리 수

首자는 얼굴, 머리, 목 등 사람의 머리 앞모양을 본뜬 글자로 '머리' 나 '우두머리' 라는 뜻을 가진 글자다. 사람의 머리를 뜻하는 글자로 분류되어 있지만 갑골문에는 입이 길쭉한 동물의 머리가 그려져 있다. 동물의 머리를 그린 것이지만 실제 쓰임에서는 사람의 '머리' 나 '우두머리' 를 뜻한다.

부수 모양 한자	首(머리 수), 馗(광대뼈 규)
활용단어	首席(수석), 鍾馗(종규)

首丘初心 수구초심

'여우는 죽을 때 구릉을 향해 머리를 두고 초심으로 돌아간다.' 는 뜻으로, 근본을 잊지 않음. 또는 죽어서라도 고향에 묻히고 싶어하는 마음.

香

향기 향

香자는 禾(벼 화)자와 日(가로 왈)자가 결합한 모습으로 '향기' 나 '향기롭다', '감미롭다' 라는 뜻을 가진 글자다. 갑골문에는 口(입 구)자 위로 벼가 그려져 있어 마치 입으로 벼를 먹고 있는 듯한 모습과도 같다. 밥을 짓는 향기나 밥맛이 '감미롭다' 라는 뜻을 가지고 있으나 부수 활용은 낮아 거의 단독으로 쓰인다.

부수 모양 한자	香(향기 향), 苾(좋은 향내 날 필), 馨(꽃다울 형)
활용단어	香氣(향기), 香水(향수), 德馨(덕형)

天香國色 천향국색

'고상한 향기와 제일가는 색깔' 이라는 뜻으로, 모란을 달리 이르는 말.

香

馬

말 마

馬자는 말의 모양을 본뜬 글자로 '말', '(말을)타다'나 '가다'를 나타낸다. 갑골문에 나온 馬자는 매우 사실적인데 이후 단순화되어 다리가 점으로 표기되면서 馬자가 만들어지게 되었다. 말은 고대부터 사냥과 전쟁에 이용되었지만 주로 먼 거리를 달리는 용도로 쓰였다. 馬자가 부수로 쓰인 글자들은 주로 '(말을)타다'나 '가다', 말의 행위, 동작과 관계된 의미를 전달한다.

부수 모양 한자	馬(말 마), 駐(머무를 주), 騎(말탈 기), 駕(멍에 가), 驚(놀랄 경), 驛(역 역)
활용단어	駐車(주차), 騎馬(기마), 驚異(경이), 驛舍(역사)

馬耳東風 마이동풍

'말의 귀에 동풍'이라는 뜻으로, 남의 비평이나 의견을 조금도 귀담아듣지 아니하고 흘려 버림을 이르는 말.

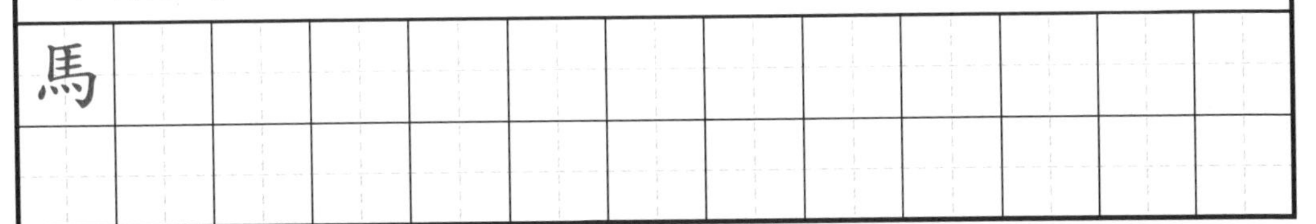

骨

뼈 골

骨자는 月(월)과 冎(과)가 합해서 만들어진 글자로 '뼈'나 '골격', '몸'이라는 뜻을 가진 글자다. 갑골문에는 뼈와 관절이 서로 이어져 있는 모습이나, 금문에서는 肉(고기 육)자가 더해져 뼈와 살을 함께 표현하고 있다. 뼈와 살을 함께 그린 한자지만 단순히 '뼈'라는 뜻으로 쓰이고 있어 부수로 쓰일 때는 '뼈'나 '신체'와 관련된 의미를 전달한다.

부수 모양 한자	骨(뼈 골), 體(몸 체), 髓(뼛골 수)
활용단어	骨格(골격), 體驗(체험), 脊髓(척수)

骨肉相爭 골육상쟁

'뼈와 살이 서로 다툼'의 뜻으로, 형제나 같은 민족끼리 서로 다툼을 뜻함.

骨

高

높을 고

高자는 높게 지어진 누각을 그린 것으로 '높다' 나 '크다' 라는 뜻을 가진 글자다. 높은 건물을 그렸기 때문에 '높다' 는 뜻을 갖게 되었지만 높은 것에 비유해 '뛰어나다' 나 '고상하다', '크다' 와 같은 뜻도 파생되어 있다. 부수로만 지정되어 있고 상용한자에는 관련된 글자가 없다.

부수 모양 한자	高(높을 고)
활용단어	高山(고산), 高度(고도), 高尙(고상), 高低(고저)

高山流水 고산유수

'높은 산과 그곳에 흐르는 물' 을 말함.

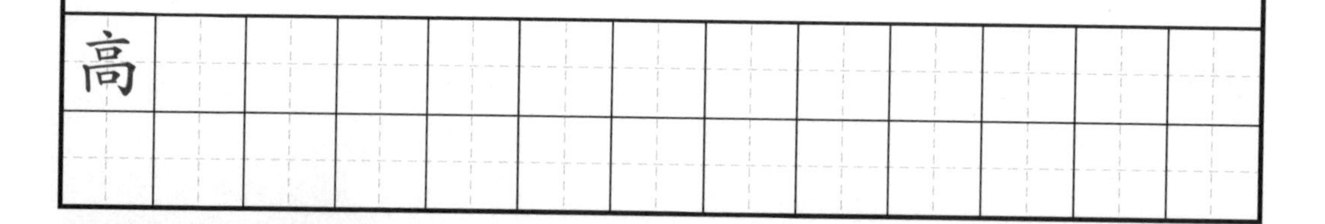

髟

터럭 발/늘어질 표

髟자는 사람의 머리털이 길게 늘어진 모습을 표현한 글자로 長(길 장)자와 彡(터럭 삼)자가 결합해 '(머리털이)늘어지다' 라는 뜻을 가졌다. 이전에는 長자가 긴 머리털을 표현했지만, 후에 '길다' 라는 뜻으로 쓰이게 되면서 髟자가 뜻을 대신하게 돼 머리털이나 수염, 또는 말의 목덜미에 있는 말갈기를 뜻하고 있다. 털을 뜻할 때는 髟자보다 毛자로 표현되는 경우가 많다.

부수 모양 한자	髮(터럭 발), 鬚(수염 수)
활용단어	毛髮(모발), 白髮(백발), 鬚髥(수염)

髮短心長 발단심장

'머리털은 빠져서 짧으나 마음은 길다.' 는 뜻으로, 몸은 늙었으나 일처리는 잘한다는 말.

髟

鬥

싸울 투

鬥자는 두 사람이 머리를 흩날리며 싸우는 모습을 그린 것으로 '싸우다'나 '승패를 겨루다'라는 뜻을 가진 글자다. 鬥자에 쓰인 王(임금 왕)자는 헝클어진 머리털이 흩날리는 모습을 표현한 것이지만 '왕'과는 아무 관계가 없다.

부수 모양 한자	鬥(싸울 투), 鬪(싸울 투)
활용단어	鬪爭(투쟁), 鬪志(투지), 戰鬪(전투)

惡戰苦鬪 악전고투

매우 어려운 조건을 무릅쓰고 힘을 다하여 고생스럽게 싸움.

鬥

울창주 창

鬯자는 울창술을 담고 있는 모습을 본뜬 것으로 '술 이름'이나 '울창주'라는 뜻을 가진 글자다. 울창주는 '울금(鬱金)'으로 담근 술을 말한다. 울금주는 제사를 지내거나 손님을 환대할 때 마시던 술로 향이 독특하여 고급술로 취급되고 있다. 부수로 지정되어 있지만 결합한 글자가 없고 글자 자체도 거의 쓰이지 않는다.

부수 모양 한자	鬯(울창주 창), 鬱(답답할 울)
활용단어	鬯草(창초), 主鬯(주창), 鬱蒼(울창)

鬱鬱蒼蒼 울울창창

큰 나무들이 아주 빽빽하고 푸르게 우거져 있음.

鬯

鬲	鬲자는 세 발 달린 솥의 모양을 본뜬 글자로 '솥'이나 '막다'라는 뜻을 가진 글자다. 鼎(솥 정)자와 같이 '솥'이라는 뜻을 가지고는 있지만 鼎자가 신에게 음식을 바치는 도구였다면 鬲자는 음식을 조리하기 위해 실생활에서 사용했던 '솥'을 그린 것이라 할 수 있다. 부수로 지정되어 있지만 상용한자에서는 관련된 글자가 없다.
솥 력/막을 격	
부수 모양 한자	鬲(솥 력/막을 격)
활용단어	鬲鼎(역정)

鬲鼎 역정

가마솥.

鬲

鬼	鬼자는 귀신인 도깨비의 모양을 본뜬 것으로 '귀신'이나 '혼백(魂魄)'이라는 뜻을 가진 글자다. '귀신'이라는 뜻을 갖고 있지만 갑골문을 보면 무릎을 꿇고 있는 사람의 얼굴에 田(밭 전)자가 그려져 있어 '가면'을 쓴 사람이 제사를 지내고 있는 모습을 표현하고 있다.
귀신 귀	
부수 모양 한자	鬼(귀신 귀), 魂(넋 혼), 魅(매혹할 매), 魔(마귀 마), 魏(나라 이름 위)
활용단어	鬪魂(투혼), 魅力(매력), 魔鬼(마귀), 魏書(위서)

鬼神避之 귀신피지

'귀신도 피한다.'는 뜻으로, 스스로 단행하면 귀신도 이것을 피하여 해롭게 하지 못함.

鬼

魚

물고기 어

魚자는 물고기 모양을 본뜬 것으로 '물고기'에 관한 뜻을 나타내는 글자다. 물고기를 그린 한자이기 때문에 부수로 활용될 때는 주로 어류의 종류나 부위, 고기를 잡는 행위나 특성과 관련된 의미를 전달한다.

부수 모양 한자	魚(물고기 어), 魯(노나라 로), 鮮(고울 선/생선 선), 鯉(잉어 리), 鱗(비늘 린)
활용단어	魯魚(노어), 生鮮(생선), 鮮明(선명), 逆鱗(역린)

魚頭肉尾 어두육미

물고기는 대가리 쪽이 맛이 있고, 짐승 고기는 꼬리 쪽이 맛이 있다는 말.

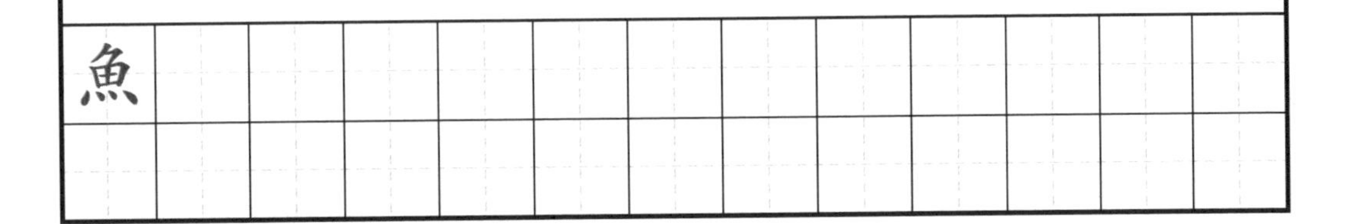

鳥

새 조

鳥자는 새의 모양을 본뜬 것으로 '새'라는 뜻을 가진 글자다. 새를 뜻하는 글자로 隹(새 추)자가 있지만 鳥자는 모든 새를 총칭하는 뜻으로 쓰이고 있다. 부수로 쓰일 때는 대부분 '새의 종류'나 새와 연관되는 다양한 의미를 전달한다. 鳥자에서 눈을 없애면 烏(까마귀 오)가 되는데 까마귀는 몸이 검은색이어서 눈이 잘 구분되지 않기 때문에 그렇게 구분했다.

부수 모양 한자	鳥(새 조), 鴻(기러기 홍), 鵬(붕새 붕), 鶴(학 학), 鳳(봉새 봉), 鴛(원앙 원)
활용단어	鴻雁(홍안), 鵬鳥(붕조), 鶴舞(학무), 鳳鸞(봉란), 鴛鴦(원앙)

鳥足之血 조족지혈

'새 발의 피'라는 뜻으로, 극히 적은 분량을 말함.

鳥

鹵

소금밭 로

鹵자는 소금밭을 그린 것으로 '소금'이나 '소금밭'이라는 뜻을 가진 글자다. 바다에 있는 염전이 아니라 소금밭을 그린 한자로 중국 서부의 일부 지역은 예전에 바다였기 때문에 지하에서 바닷물을 끌어 올려 소금을 만들었다. 부수로 쓰일 때는 '소금'과 관련된 뜻을 전달한다.

부수 모양 한자	鹵(소금 로), 鹽(소금 염), 鹹(짤 함)
활용단어	鹵獲(노획), 鹽分(염분), 鹹度(함도)

沙金鹵石 사금노석

암염(巖鹽)과 함께 산출되는 칼륨과 마그네슘의 염화물.

鹵

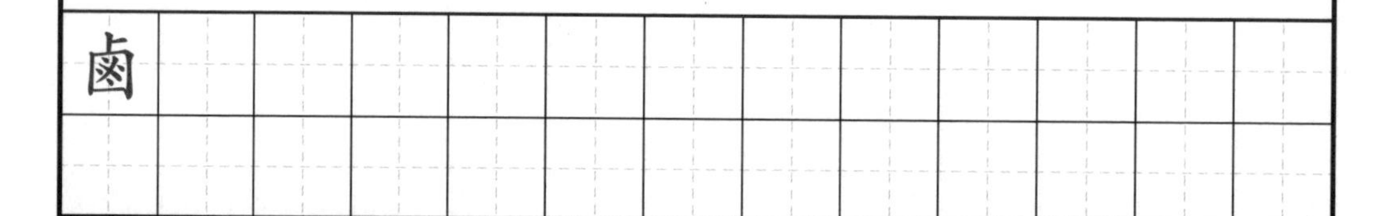

鹿

사슴 록

鹿자는 뿔이 긴 수사슴을 그린 것으로 '사슴'이라는 뜻을 가진 글자다. 사슴은 네발 달린 짐승 중에서는 유일하게 십장생(十長生)에 포함된 동물이다. 다른 글자와 결합할 때는 대부분 상서롭거나 길하다는 뜻을 전달한다.

부수 모양 한자	鹿(사슴 록), 麗(고울 려), 麒(기린 기), 麟(기린 린), 麏(노루 균)
활용단어	馴鹿(순록), 秀麗(수려), 麒麟(기린)

鹿皮曰字 녹비왈자

주견이 없이 남의 말을 좇아 이리저리함을 이르는 말.

鹿

麥

보리 맥

麥자는 來(래)과 夊(뒤져올 치)를 합한 것으로 보리밟기를 하는 모습을 그린 글자다. 본래 來(래)가 보리를 뜻하는 글자였으나 온다는 뜻으로 쓰게 되면서 보리의 뜻으로 麥(맥)을 쓰게 되었다. '보리'와 관련된 의미를 지닌다.

부수 모양 한자	麥(보리 맥), 麪(밀가루 면)
활용단어	麥芽(맥아), 素麪(소면)

麥秀之歎 맥수지탄

'보리만 무성(茂盛)하게 자란 것을 탄식(歎息)함.' 이라는 뜻으로, 고국의 멸망을 탄식함.

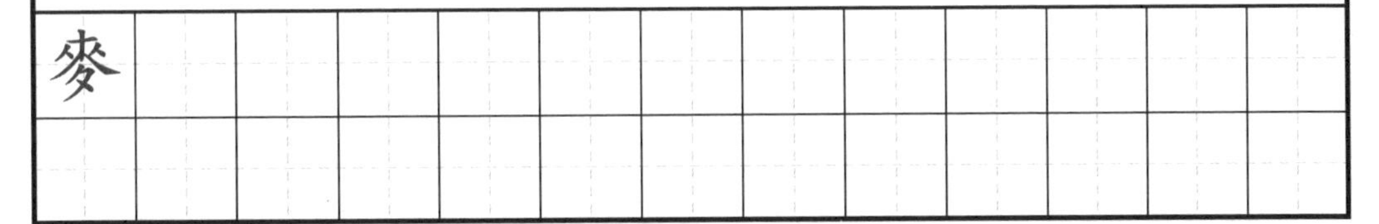

麻

삼 마

麻자는 广(엄호)와 두 개의 木(나무 목=林)이 합하여 된 것으로 집안에서 삼 껍질을 벗긴다는 뜻을 나타내며 삼베옷의 원료인 '마'를 뜻하는 글자다. 마의 잎과 꽃에는 감각을 일시적으로 마비시키는 성분이 있어 예로부터 마취제의 일종으로 쓰이기도 했으며 지금도 항생물질이나 진통제로 연구되고 있다. 이러한 이유로 麻자는 '삼베' 뿐만 아니라 '마비' 나 '마취' 라는 뜻도 가진다.

부수 모양 한자	麻(삼 마), 麾(기 휘)
활용단어	亂麻(난마), 麻姑(마고), 麾下(휘하)

快刀亂麻 쾌도난마

'헝클어진 삼을 잘 드는 칼로 자른다.' 는 뜻으로, 복잡하게 얽힌 사물(事物)이나 비꼬인 문제(問題)들을 솜씨 있고 바르게 처리함을 비유해 이르는 말.

麻

黃

누를 황

黃자는 둥근 장신구인 패옥(佩玉)을 허리에 두른 모습을 그린 것으로 '누렇다' 나 '노래지다', '황제' 라는 뜻을 가진 글자다. 黃자의 본래 의미는 '패옥' 이었으나 후에 황금색의 패옥이라는 뜻이 확대되면서 '누렇다' 나 '노래지다' 라는 뜻을 갖게 되었다. 다른 글자와 결합할 때는 '황제' 나 '누렇다' 라는 뜻을 전달한다.

부수 모양 한자	黃(누를 황)
활용단어	黃金(황금), 黃帝(황제), 黃昏(황혼)

半靑半黃 반청반황

'반은 푸르고 반은 누렇다.' 는 뜻으로, 미숙함을 비유하여 이르는 말.

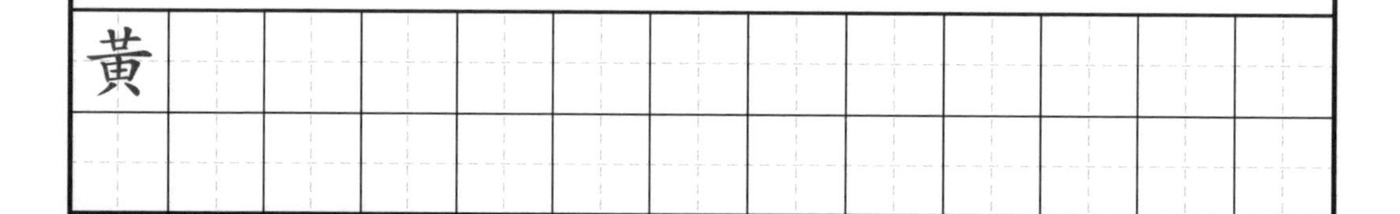

黍

기장 서

黍자는 곡식을 나타내는 禾(벼 화)와 水(물 수)자가 결합한 모습으로 '기장' 의 일종을 뜻하려고 만든 글자다. 기장은 기원전부터 인류가 재배해 온 식물로 척박한 환경에서도 잘 자랐기 때문에 고대에는 禾자가 '기장' 이라는 뜻으로 쓰였다. 그러나 후에 禾자가 '벼' 를 뜻하게 되면서 여기에 水자를 더한 黍자가 '기장' 이라는 뜻을 대신하게 되었다.

부수 모양 한자	黍(기장 서), 黎(검을 려)
활용단어	黍穀(서곡), 黍粟(서속), 黎明(여명)

黍離之歎 서리지탄

'나라가 멸망하여 궁궐터에 기장만이 자라 황폐해진 것을 보고 하는 탄식' 이라는 뜻으로, 부귀영화의 무상함에 대한 탄식.

黍

黑

검을 흑

黑자는 불을 지펴서 굴뚝에 검은 그을음이 생긴 모양을 보고 만든 것으로 '검다' 나 '검게 되다', '나쁘다' 라는 뜻을 가진 글자다. '검다' 라는 뜻 외에도 '나쁘다', '악독하다', '횡령하다' 와 같은 부정적인 뜻을 전달하기도 하며 '점' 이나 '주근깨' 나아가 '잠잠함' 을 뜻하기도 한다.

부수 모양 한자	黑(검을 흑), 默(잠잠할 묵), 點(점 점), 黨(무리 당), 黜(내칠 출)
활용단어	默想(묵상), 長點(장점), 黜黨(출당)

近墨者黑 근묵자흑

'먹을 가까이하면 검어진다.' 는 뜻으로, 나쁜 사람을 가까이하면 그 버릇에 물들기 쉽다는 말.

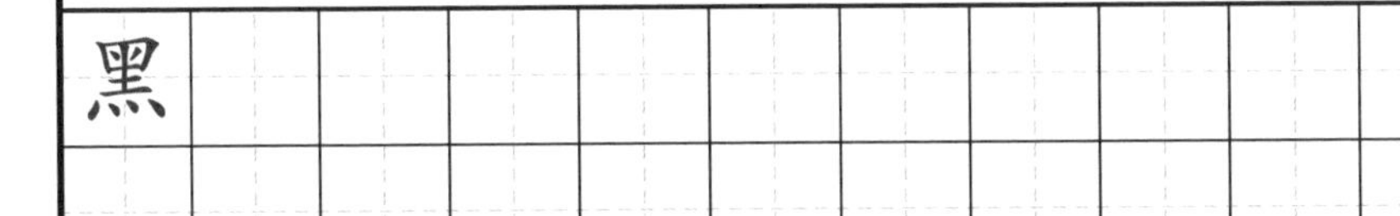

黹

바느질할 치

黹자는 바늘에 꿴 실로 수를 놓은 옷감을 본뜬 것으로 '바느질하다' 나 '수놓다' 라는 뜻을 가진 글자다. 갑골문과 금문에는 위아래로 바느질이 오간 모습이 그려져 있는데 이는 바느질을 하거나 수를 놓았다는 뜻을 표현한 것이다. 그래서 黹자가 쓰인 글자 대부분은 바느질이나 '수' 와 관련된 의미가 있다. 단독으로 쓰이지 않고 관련된 단어나 글자도 없다.

부수 모양 한자	黹(바느질 치), 黼(수 보), 黻(수 불)
활용단어	黼黻(보불)

文苑黼黻 문원보불

조선 시대 초엽 이래 관각의 문장(文章)을 모은 책.

黹

黽

맹꽁이 맹/힘쓸 민

黽자는 맹꽁이를 본뜬 것으로 '맹꽁이', '힘쓰다', '노력하다' 라는 뜻을 가진 글자다. '맹꽁이' 를 뜻할 때는 '맹' 이라고 하지만 '힘쓰다' 나 '노력하다' 라고 할 때는 '민' 이라 한다. 黽자에 '힘쓰다' 나 '노력하다' 라는 뜻이 있는 것은 맹꽁이가 열심히 울어대는 모습에서 착안한 것이다. 부수로 지정되어 있지만 쓰임이 거의 없고 다른 글자와 결합할 때는 발음역할만 한다.

부수 모양 한자	黽(힘쓸 민), 鼇(자라 오), 鼈(자라 별)
활용단어	水黽(수민), 鼇頭(오두), 鼈主簿(별주부)

拮据黽勉 길거민면

몹시 애써서 일함.

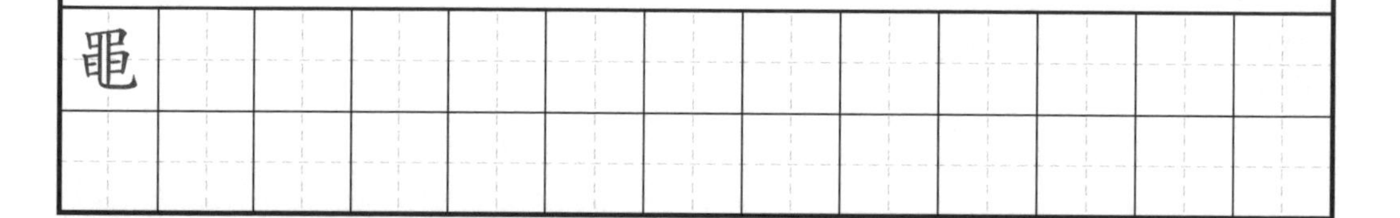

鼎

솥 정

鼎자는 양쪽에 손잡이가 달리고 발이 셋인 솥을 그린 것으로 '솥' 이나 '점괘' 라는 뜻을 가진 글자다. 신에게 바칠 음식을 담았던 '솥' 이었기 때문에 鼎자에 '점괘' 라는 뜻이 있다. 다른 글자와 결합할 때는 주로 '제사' 나 '점괘', '신(神)', '솥' 과 같은 의미를 전달한다. 부수로 지정되어 있지만 상용한자에서는 관련된 글자가 없다.

부수 모양 한자	鼎(솥 정)
활용단어	鼎談(정담)

鼎足之勢 정족지세

솥발처럼 셋이 맞서 대립하고 있는 형세.

鼎

鼓 북 고	鼓자는 壴(악기이름 주)자와 支(가를 지)자가 결합한 모습으로 '북' 이나 '북소리' 라는 뜻을 가진 글자다. 壴자는 장식이 달린 북을 받침대에 올려놓은 모습을 그린 것이며 支자가 더해진 鼓자는 북을 두드리는 모습을 나타낸다. 전시에는 북이 아군의 사기를 높이거나 명령을 내리는 용도로 사용되었기 때문에 '북' 이나 '격려하다', '악기' 와 같은 다양한 뜻을 가진다.
부수 모양 한자	鼓(북 고)
활용단어	鼓手(고수)

鼓腹擊壤 고복격양

'배를 두드리고 흙덩이를 친다.' 는 뜻으로, 매우 살기 좋은 시절을 말함.

鼓

鼠 쥐 서	鼠자는 쥐의 모양을 그린 것으로 '쥐' 나 '좀도둑' 이라는 뜻을 가진 글자다. 쥐가 오래전부터 곡식을 훔쳐 먹고 살던 동물이다 보니 鼠자에는 '좀도둑' 이나 '간신배' 와 같은 부정적인 의미가 있다. 쥐를 그린 한자이기 때문에 부수로 쓰일 때는 鼢(두더지 분)자나 鼬(족제비 유)자처럼 설치류와 관련된 동물을 뜻하게 된다.
부수 모양 한자	鼠(쥐 서), 鼱(새앙쥐 정), 鼴(두더지 언)
활용단어	鼠皮(서피), 鼱鼩(정구), 鼴鼠婚(언서혼)

鼠目寸光 서목촌광

한 치 앞 밖에 보지 못하는 쥐의 눈을 말함.

鼠

鼻

코 비

鼻자는 본래 코를 뜻했던 自(스스로 자)자가 '자기'나 '스스로'라는 뜻으로 쓰이게 되면서 畀(줄 비)자를 결합해 만든 글자다. 鼻자로 구성된 글자는 많지 않지만 모두 '코'와 관련된 의미를 갖는다.

부수 모양 한자	鼻(코 비), 鼾(코고는 소리 한)
활용단어	鼻炎(비염), 鼻音(비음), 鼾睡(한수)

鼻下政事 비하정사

'코 밑에 닥친 일에 관한 정사(政事)'라는 뜻으로, 하루하루를 겨우 먹고 살아가는 일.

鼻

齊

가지런할 제

齊자는 곡식의 이삭이 가지런히 돋은 모양을 본뜬 것으로 '가지런하다'나 '단정하다'라는 뜻을 가진 글자다. 갑골문에서 곡식을 가지런히 그려 '가지런하다'나 '단정하다'라는 뜻으로 쓰였기 때문에 齊자가 다른 글자와 결합할 때는 대부분 가지런함과 관계된 의미를 전달한다.

부수 모양 한자	齊(가지런할 제), 齋(재계할 재)
활용단어	齊一(제일), 齊唱(제창), 書齋(서재)

修身齊家 수신제가

자기(自己)의 몸을 닦고 집안일을 잘 다스림.

齊

齒

이 치

齒자는 입속의 이가 아래위로 가지런히 나 있는 모양을 본뜬 것으로 '이빨' 이나 '어금니' 라는 뜻을 가진 글자다. 갑골문에 나온 齒자는 크게 벌린 입과 이빨이 그려져 있고 금문에서는 여기에 止(발 지)자를 더해 입이 움직이는 모습을 표현했다. 이를 뜻하기 위해 만든 글자지만 이를 보고 나이를 판단한다는 뜻으로 '나이' 나 '순서' 를 뜻하기도 한다.

부수 모양 한자	齒(이 치), 齡(나이 령), 齬(어긋날 어), 齧(물 설)
활용단어	齒科(치과), 年齡(연령), 齟齬(저어), 齧齒(설치)

脣亡齒寒 순망치한

'입술을 잃으면 이가 시리다.' 는 뜻으로, 가까운 사이의 한쪽이 망하면 다른 한쪽도 그 영향을 받아 온전하기 어려움을 비유하여 이르는 말.

龍

용 룡

龍자는 용의 모양을 본뜬 것으로 '용' 이나 '임금' 이라는 뜻을 가진 글자다. 전설의 동물을 문자화한 것으로 소전에서 문자의 형태를 갖추게 되면서 다양한 글자가 조합되었다. 龍자에 쓰인 立(설 립)자나 月(달 월)자는 단순히 용의 모습을 한자화한 것일 뿐 의미와는 관계가 없다. 龍자로 구성된 한자들은 모두 '용' 이나 '용' 이 갖는 이미지와 관련되어 크고 높다는 뜻을 가진다.

부수 모양 한자	龍(용 룡), 龕(감실 감)
활용단어	恐龍(공룡), 龕室(감실)

龍頭蛇尾 용두사미

'머리는 용이고 꼬리는 뱀' 이라는 뜻으로, 시작은 좋았다가 갈수록 나빠짐을 말함.

龍

거북 귀/땅 이름 구

龜자는 거북이를 측면으로 그린 글자로 '거북이' 나 '거북 껍데기', '터지다' 라는 뜻을 가진 한자다. '거북이' 라는 뜻을 갖지만, 거북의 갈라진 등 껍데기에서 착안해 '터지다' 나 '갈라지다' 라는 뜻도 파생되어 있고 '균' 으로 발음한다. 지명으로 쓰이면 '구' 로 발음한다.

부수 모양 한자	龜(거북 귀/땅 이름 구/터질 균)
활용단어	龜船(귀선), 龜手(귀수), 龜浦(구포), 龜裂(균열)

龜毛兎角 귀모토각

'거북의 털과 토끼의 뿔' 이라는 뜻으로, 있을 수 없거나 아주 없음을 이르는 말.

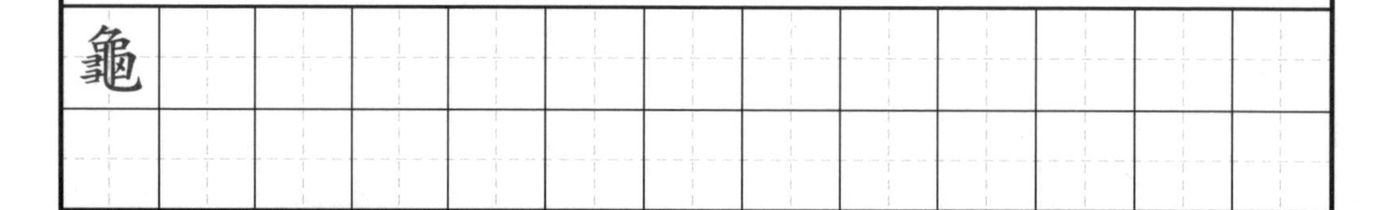

龜

피리 약

龠자는 크기가 다른 대나무를 엮어 만든 관 피리를 그린 것으로 '피리' 라는 뜻을 가진 글자다. 龠자의 상단에 있는 亼(삼합 집)자는 입을 거꾸로 그린 今(이제 금)자가 변형된 것으로써 입으로 관 피리를 불고 있는 모습을 표현했다. '피리' 나 '소리' 와 관련된 뜻을 갖지만, 상용한자에서는 관련된 글자가 없다.

부수 모양 한자	龠(피리 약), 籲(부를 유)
활용단어	籲呼(유호)

籲呼 유호

억울하거나 원통한 사정을 남에게 하소연함.

龠